语文不器

拓展的语文教学

赵红燕 著

中国出版集团公司
华文出版社

图书在版编目（CIP）数据

语文不器：拓展的语文教学 / 赵红燕著 . —北京：华文出版社，2021.8

ISBN 978-7-5075-5498-4

Ⅰ.①语… Ⅱ.①赵… Ⅲ.①语文教学－教学研究 Ⅳ.① H193

中国版本图书馆 CIP 数据核字（2021）第 168169 号

语文不器：拓展的语文教学

著　　者：	赵红燕
责任编辑：	张明华
出版发行：	华文出版社
地　　址：	北京市西城区广外大街 305 号 8 区 2 号楼
邮政编码：	100055
网　　址：	http://www.hwcbs.com.cn
电　　话：	总 编 室 010-58336239　　发 行 部 010-58336267
	责任编辑 010-63421256
经　　销：	新华书店
印　　刷：	北京建宏印刷有限公司
开　　本：	710×1000　1/16
印　　张：	14.5
字　　数：	200 千字
版　　次：	2021 年 8 月第 1 版
印　　次：	2021 年 8 月第 1 次印刷
标准书号：	ISBN 978-7-5075-5498-4
定　　价：	48.00 元

本书若有印装质量问题，请与发行部联系调换

"语文不器"的三大突破
——《语文不器：拓展的语文教学》序

倪文锦

赵红燕的新著《语文不器：拓展的语文教学》即将问世，她要我写个序，故得以先睹为快。

赵红燕是一位从教27年的优秀语文教师，她先后辗转郑州、深圳教学一线，并在华东师范大学中文系读研，从河南省教学能手到深圳市优秀教师、优秀班主任，致力于构建"幸福语文大课堂"，一路走来，成绩斐然。该书既是她对自身教学经验和实践智慧的深刻总结，也是她对语文教学的真切感悟和理性思考，读来深受启发。

中国传统文化讲究道、法、术、器，这是我们把事情做好，取得良好结果需要研究的四个层面。一般来讲，道，指的是事物运行的基本原理和规律；法，指的是运用的方法和知识；术，指的是实施的策略或模式；器，指的是执行落地的工具。我们语文教师都知道语文是最重要的交际工具，也是最重要的文化载体。工具，也就是一般意义上的"器"，而赵红燕明确说"语文不器"。她认为，语文不器，重在育人。语文教学要从"育分"转变为"育人"，强调内在思想与精神的成长，回归于人的培养和教育。这说明，从认识上看，她对语文的理解已经超出了"器"的范畴；从实践上看，她以"大语文"为抓手，通过实施拓展的语文教学来构建"幸福语文大课堂"。这种理论和实践相结合的"大语文"教学难能可贵,也是我们今天的语文教学迫切需要加强的。在我看来,赵红燕语文不器的思想与实践有以下三大突破。

一、突破传统语文教学自我封闭的格局

众所周知,语文学习的外延与生活的外延相等。但遗憾的是,在一般的成人世界里,人们总以为只有在学校里上语文课才是语文学习,只有读语文课本才叫语文学习,否则就是"不入流",就不是在学真正的语文,看的书也被叫作"闲书"。因此,这种自我封闭的语文教学无视学生语文学习的兴趣爱好,有意无意地压制学生的学习自觉性,导致学生对语文学习毫无兴趣,毫无幸福感可言。如果我们把课堂的语文学习叫作"小语文",把社会的语文实践叫作"大语文",那么理想的教学应该实现课堂"小语文"与社会"大语文"的融合。我觉得赵红燕老师以"大语文"为抓手的语文教学实践就是努力实现这两种"语文"的融合,而且在实践中的做法也是辩证的。一方面,语文既然是人类社会的交际工具,语文知识到处可学,语言运用随处可见,语文能力随时可练,语文教学就不能自我封闭。语文教学要跟上现代社会发展步伐,就要贴近学生生活实际,打破课堂内外、学科内外、学校内外直至线上线下的界限,实施拓展的语文教学势在必行。但同时我们必须看到,社会"大语文"的"习得"毕竟是自发的,不都是规范的,而且这是一个十分缓慢的、需要长期摸索的过程。另一方面,学校课堂的"小语文"学习则是"学得",是需要通过后天的教学干预来获得的。所以,学校语文教学的重要任务离不开对语言知识的学习,语言规则的应用,字、词、句、篇、语、修、逻、文的规范训练。这是运用语言知识的言语实践,它可以通过积极的、定向的听说读写的言语实践活动进行,增强语文学习的应用性,做到在学习中应用,在应用中学习。但"小语文"学习如果脱离社

会环境，缺少社会应用，就缺乏生命力。因此，完整的语文教学必须坚持"学得"与"习得"的统一，语言教学与言语实践的统一。"学得"与"习得"只有相辅相成，才能相得益彰。

二、突破传统语文学科能力的束缚

如果要问：语文学科能力是什么？我们一线语文教师会毫不犹豫地回答：听、说、读、写能力。以阅读能力为例，正是基于"阅读能力"是一项传统语文学科能力的认识，所以我们一直把发展阅读能力仅仅局限于完成语文学科的阅读学习任务。应该承认，这种作茧自缚式的阅读能力培养是低效率的，而且就目前多数语文教师来说，他们所持的这种语文能力观念也是相当落后的。赵红燕老师认为，语文教学要打破学科界限，允许"学科融合""交叉学科""跨学科"的存在，要坚持在"既有语文学科立场又不囿于语文学科立场的收放自如中……"努力实现"器"与"不器"的统一。这是很有见地的。

国际阅读学界通常把阅读发展分成三大阶段：第一个阶段是学习如何阅读；第二个阶段是通过阅读来学习；第三个阶段就是通过阅读来实践。如果在学习阅读阶段，说阅读能力是一种语文能力并没有问题，因为该阶段除了培养学生的阅读兴趣外，语言的学习是主要的，包括语音获得、语义（词汇）获得、语法获得，其表征指标主要是识字、释词、造句等。但是，在通过阅读来学习和实践阶段，则明显超越了语文学科，因为它旨在通过阅读、运用文本信息来促进学习。因此，从"学习阅读"向"通过阅读来学习"的转型，代表了有效的阅读能力已从单纯的一种语文能力发展为促使并保证人实现终身学习的关键能力。如果我们对阅读教学的认识和实践还停留于一成不变的"学习阅读"这一"语文能力"上，缺乏从"学习能力"的高度来审视学生是否适应社会发展需要，即把它看作超越语文学科的广义学习能力——关乎人的整个生涯发展的关键能力，那么所谓发展阅读能力，就永远束缚于语文学科的框限内不能自拔。

事实上，从PISA（经济合作与发展组织针对全球范围15岁青少年所开展的国际学生评价项目）和PIRLS（国际教育调查委员会所主持的国际阅读素养进展研究项目，主要研究世界各国及地区四年级儿童的阅读能力）的实践看，他们对阅读能力的看法并不囿于语文学科。PISA认为，由于学生不可能在学校学到将来生活所需要的每一种知识和技能，因此，学校的功能不在于使学生学会学习，而是学会如何学习。因此，PISA 2018对阅读素养的明确定义是："为了实现个人目标、增进知识、发掘潜能与有效参与社会生活，而对文本进行理解、运用、评估、反思的能力以及对阅读活动的参与。"而PIRLS在2006年将阅读素养定义为："理解和运用社会需要的或个人认为有价值的书面语言形式的能力。年轻的阅读者能够从各种文章中建构意义，他们通过阅读来进行学习、参与学校中和日常生活中的阅读者群体、并进行娱乐。"由此，我们也可以清楚地看到，国际阅读评价早已不把阅读能力单纯地作为一种语文能力，局限于语文学科范围内，而是将阅读融入现实生活的各个层面之中，作为广义学习能力与"社会交往"和"娱乐消遣"的广阔现实生活相联系。

三、突破传统语文单一媒介文本的局限

当前，随着现代信息技术的飞速发展，它给语文课程带来的一个重大变革，是把"媒介语言"引入了语文课堂。"多元媒介文本"已成为现代社会特别重视的文本类型，从而使跨媒介能力的培养被迅速地提上了语文教学的议事日程。它昭示了传统的基于印刷文本的读写"能力范式"不可能再墨守成规，它正向现代基于多元媒介文本的读写"素养范式"转型，因此提高信息素养，探索信息化背景下教与学方式的转变势在必行。历史地观察语文课程的语言形态变化，我们不难发现，它由过去的书面语言为主，发展到近代以来的书面语言和口头语言并重，目前正向书面语言、口

头语言和媒介语言三足鼎立态势迈进。三种语言形态借助现代传播和信息技术深度融合，正进一步发展为一种信息时代的新语言形态，这将为语文课程带来重大的变革。教育部颁行的《普通高中语文课程标准》（2017年版）也设置了"跨媒介阅读与交流"的学习任务群，正是这种变革的深刻反映。

但不可否认，关于"多元媒介文本"，在我国尚未引起足够的关注。广大语文教师还未能充分认识其在推动语文"新"读写知识技能的出现，甚至是推动整个社会实践发生深刻变革方面的重要作用。有学者指出，在信息时代，"文本是社会形成和文化给定的可供产生意义的一切资源"，文本对生活的内容和形式具有决定性意义，应对新的生活必须掌握新的文本操作技能，能够进入某一个领域就意味着能够熟练运用这个领域的文本。尤其是数字化技术带来的电子文本和产品，更是极大地影响了现代生活的方方面面，许多新的社会实践都涉及电子文本的生产、分配、交换和传递，精通这些文本的使用，可以极大地扩展信息范围、提高交流能力、增加就业创业的机会。这就从客观上对传统语文教学提出了严峻的挑战。

赵红燕老师在教学实践中也体会到，语文教学模式的发展历程表明在当今教育信息化的时代，语文教学呼唤拓展式课堂。她从"感知—理解—运用"的智能培养模式——"感受—领悟—积累—运用"的整体教育模式——"引导—发现"的素质教育模式的发展过程中，清醒地觉察到语文教学逐渐由单一媒介素养的培养不断向多元媒介综合素养的提升转变，这是历史的必然。它必将带来现行语文教与学方式的巨大变革，使得学生的语言学习更为丰富。这种语言形态和媒介能力的创新，对于当代乃至将来的语文教育都有着重大意义，语文教学必须适应时代发展做出必要的调整。我们不仅要掌握现代社会多元媒介文本的形式特征，还要帮助学生了解什么样的信息内容与什么样的文本形式最匹配。通过观察、思考不同媒介语言运用的现象，梳理、探究其特点和规律，提高跨媒介分享与交流的能力。

由此可见，教师要充分认识现代信息技术给教育领域带来的重大而深远的影响，树立正确的信息化教学理念，注重现代信息技术在语文教学中的应用，努力实现语文教学与信息技术的融合，提高语文教学的实效。教师要帮助学生适应以互联网、大数据、人工智能为代表的新一代信息技术的发展趋势，开创信息技术与语文教育"全面""深度""融合"的新局面，优化学生语文学习环境，不断思考和探寻现代信息技术下的语文教学新模式。

总之，作为一线语文教师，赵红燕的语文不器及努力实现"器"与"不器"统一的认识与实践，对我们深刻反思当下的语文教学很有现实意义。

是为序。

（倪文锦，杭州师范大学教授。我国课程与教学论专业语文教育方向的首位博士生导师，教育部中等职业学校语文课程标准研制组组长，教育部中小学语文国家教材建设重点研究基地学术委员会副主任，中国高等教育学会语文教育专业委员会学术委员会主任。曾任华东师范大学教授，教育部基础教育语文课程标准研制组成员，上海市教育考试院语文学科组成员，新加坡教育部华文教学海外顾问）

目 录

第一部分 语文不器：内涵与实施

一、语文不器的内涵 / 2

二、语文不器的必要性 / 6

三、语文不器的教学实施 / 10

第二部分 语文不器：教学案例

一、学《曹刿论战》究等级制度："肉食者"中蕴含的尊卑等级 / 23

　　教学反思：言文并重，探索文化内涵 / 32

二、学《送东阳马生序》寻学校变迁：中国古代学校发展变化 / 35

　　教学反思：创设情境，拓展文化视野 / 47

三、学《爱莲说》悟君子品行：花草树木中的美好品德 / 52
　　教学反思：深入挖掘教材，提升语文核心素养 / 61

四、学《散文二篇》感生命意义：我为什么活着 / 63
　　教学反思：构建问题情境，探究生命意义 / 72

五、学《〈庄子〉二则》思为人处世：做"大鱼"还是"小鱼" / 76
　　教学反思：铸就思维品质，提高语文素养 / 85

六、学《乡愁》引群文诵读：于诵读中感悟思乡情 / 88
　　教学反思：品读诗歌，欣赏美 / 99

七、学《山水画的意境》融美学教育：读懂意境与写实 / 104
　　教学反思：比较有妙用 / 114

八、学《回忆鲁迅先生》带人物专题：走近鲁迅 / 117
　　教学反思：创造性教学，构建情智语文 / 132

九、学《带上她的眼睛》用读写结合：为思维插上想象的翅膀 / 136
　　教学反思：唤醒想象力，开启创作之门 / 143

十、谈《骆驼祥子》知名著阅读：小人物的奋斗史 / 147
　　教学反思：阅读与研读 / 158

第三部分 语文不器：教学札记

一、谈谈教学思路

　　立足文本　关注学情　构建幸福语文课堂 / 162

二、谈谈课堂教学

　　备课策略："课眼"不等同于"文眼" / 170

　　课堂导入策略：训练演说，自主快乐地学语文 / 175

　　例说课堂活动策略：让课堂成为学生听与说的练习场 / 179

三、谈谈写作教学

　　以读促写："语脉"到"文脉"的转变 / 190

　　改变教与学方式：改变初中写作教学中的"教"与"学" / 194

　　激活写作思维：例说基于高阶思维培养的初中写作教学 / 201

　　培养想象力：加强初中想象类作文教学　锻炼高阶思维 / 206

　　命题作文多角度写：命题作文教学中培养学生高阶思维能力 / 213

后记 / 217

第一部分
语文不器：内涵与实施

语文是中小学生必修的基础学科之一，但语文作为一门单独的学科的历史并不长，1904年语文才单独设科。语文学科的历史不长，但是关于语文的教学古已有之。那时的语文教学是与经济、哲学、历史、自然科学、政治等的教育融为一体的，主要是先教启蒙类读物，教学生识字；然后再学习"四书""五经"等基本的儒家经典；最后补充《文选》作为写作范本。古代也有很多重要的、经典的教育论著，如《学记》《论语》《礼记》等。可以说，"古代教育教学中那些具有人文性、工具性及基础地位的部分内容，已绽露出语文课程的萌芽。"[1] 但是古代语文教学也存在明显弊端，主要表现在教学方法的单一、死板，教学内容（识字、读古文、记古文、作古文）的陈旧、片面，过于注重语文工具性的一面，且将古文学习作为最终目标，缺乏适当地拓展与延伸，严重地限制了学生的个性化发展。

古代语文教学中存在的问题在当前的一些语文课堂上依然存在。对于学生来说接触语文时间较早，且语文学习花费时间长、投入精力多，尤其是在基础阶段，但是语文成绩提高较慢，且与其他学生分数差距较小。细碎的知识点、灵活的考题、多方面的能力要求使得学生对于语文的学习逐

---

[1] 王文彦，蔡明. 语文课程与教学论（第二版）[M]. 北京：高等教育出版社，2006：20.

渐呈消极态势。另外，迫于考试、升学的压力，教学内容往往依据考纲来确定，高频考点重点来讲练，低频考点就少花一点时间，长此以往，学生对语文的学习越来越缺乏兴趣。岳洪认为，"传统语文教学过分注重学科知识和技能的训练，不免忽视了学生学习态度、情感和价值观的培养"[1]。张世华认为，自媒体时代不断发展，但教师对于语文教学的要求、教育观念、教学手段没有实现与时代的同步更新，不能与学生的成长需求相契合，造成了代差。[2] 教师在学生的学习与成长方面起着至关重要的作用，课堂作为学生学习的主战场，教学内容是否具有吸引力且能够让学生从中获益是学生是否喜欢这门课程的重要因素。但目前，不少学生认为语文课堂枯燥无味，对语文的学习缺乏兴趣。

毫无疑问，语文的学习十分重要。但是仅围绕考纲学习，或者照本宣科地学习语文教材难以调动学生语文学习的积极性，也无法解决语文核心素养提升这个根本的问题。何忠利认为，教师应有大视野，树立大语文观，能够从单纯的课程资源的"实施者"转变为课程资源的"利用者、开发者"，以课文为支点，巧妙地向课前课后延伸拓展，跳出语文教语文，抓住校内文本语文，关注校外生活语文，指导学生广泛地阅读和实践。[3]

基于27年的一线语文教学实践，综合众多学者的语文教学论述，笔者认为语文不器，拓展的语文课堂可以丰富学习内容，创新教学形式，激活学生思维，最终提升学生的语文综合素养。

一、语文不器的内涵

在阐明语文不器之前，我们先说君子不器。"君子不器"出自《论

---

[1] 岳洪.如何在中学语文教学中树立大语文观[J].新课程导学，2014（1）：54.
[2] 张世华.大语文观，助力语文教学走出困境[J].教育界，2020（29）：95.
[3] 何忠利.改进语文教学，构建生命课堂[J].科学咨询（教育科研），2017（02）：49.

语·为政》，之所以放在《为政》中，是因为在孔子看来君子是具有理想人格的人，要担负起治国安邦的重任，而"为政"要通才，即"不器"。可以说，"君子不器"本质上就是一种教育的理念和标准，是孔子眼中的成人、树人之道。《说文解字》对"器"的释义是："皿也。"即"器"是一种容器，本义从古至今基本没有变化。但"器"不断引申、发展，也有义项逐渐隶属于我国古代哲学范畴，并常常和"道"相对，如《易·系辞》中写道："形而上者谓之道，形而下者谓之器。""器"从词性来看，有名词、动词两种解释，名词即器皿之意，动词可解释为"当成器具""作为器物"。因此，"君子不器"既指君子不是一种器物，也指君子不把自己当成某种器物，即君子应当知识广博，能力不局限于某一方面。

做人应当"不器"，语文的学习同样也要"不器"。"不器"是指向内在思想与精神的成长。语文是肉里长出来的精灵与花朵，不是塑料，不是金属，所以不是"器"，而是"气"！精气神也。器是物，气是命。语文是关于鲜活生命、关于精神世界的所在。语文不是器物，是人自身。语文教学在方法论上要从"物自身"回归"人自身"。语文，是培育人的境界、气象，不只是器层面的雕虫小技般的技术。

因此，语文教学要从"育分"到"育人"，回归到人的培养和教育，而语文不器就是在避免将人教成物，教成工具。所以，语文教学除了教授学生语文知识外，更注重从人到更好的人的转变。语文本身不是育分工具，语文教学也不应以育分为唯一目标。语文课堂源于生活世界，又高于生活世界，是污泥中盛开的那朵鲜花。语文不器重在育人，育人的语文教学最终也能为分数赋能。

教语文要胸怀天地、包容众生万物，语文课堂要有包容性，打破学科界限，允许"学科融合""交叉学科""跨学科"的存在。教学方法分为"外在的工具性方法"和"内在的本体性功夫"。语文教学是要讲究"功夫"的。功夫是自己练出来的。功夫体现在课堂上师生平等、和谐、理性的对话中，不着痕迹的引领中；体现在准确找到课堂拓展的生长点的敏锐眼光上；体现在既有语文学科立场又不囿于语文学科立场的收放自如中……

语文教学不能单纯地只讲教材内容、语文基础知识，还应基于学生的成长、学习的趣味性、核心素养的养成、完善人格的形成等进行适当地拓展和延伸。语文教学要实现从"语文为器"到"语文不器"的转变，由基本知识的讲解向语文教材之外的内容拓展、延伸。语文不器就是指在常规语文教学的基础上，强调语文的拓展性、开放性。它体现语文的非纯工具性。采用"非纯工具性"这一上位词，是为了免于界定出来的概念不准确或与其他概念有出入而让读者产生不必要的思虑。正如素养的分类多种多样，有学者就提出了阅读素养这一概念，那么是不是也有写作素养、口语表达素养等。再比如我们现在经常提到的语文核心素养，同理，除了核心素养之外，也应有其他素养，即非核心素养。另外，还有起源于20世纪80年代的学科素养一说，具有代表性的有NCTM（美国数学教师协会）数学素养模型、德国物理素养模型等，也有学者开始探讨语文学科素养模型。

非纯工具性不排除语文工具性的一面，恰恰相反，语文的工具性，即关于语言与文字的运用部分仍然是语文教学最基础、最本质的任务。正如吴刚平、余闻婧所言，"不器，先是器，再是不器；不是器，就不存在不器"[①]，器是不器的基础和前提。语文不器的实现也是在"器"，即语言文字运用的基础上完成的。

《现代汉语词典》对"语文"的解释是：语言和文字；语言和文学。通常情况下，"语文"被看作是语言文字，在现代汉语中"语"和"言"似乎没有区别，但许慎对于"语"和"言"做过明确的区分，"直言曰言，论难曰语"，"言"是自我陈述，自我表达，"语"是与人交流。因此，语

---

① 吴刚平，余闻婧."君子不器"的课程论阐释及传承延续[J].湖南科技大学学报（社会科学版），2019，22（03）：69.

言是自我的陈述和与他人交流两个方面，陈述是对语言文字的基本运用，比如语文习题中的看图写话、连词成句、仿写句子等；交流、沟通、辩论则更多体现的是非工具性以及基于语文基本知识的拓展性内容和各方面素养的培养，涉及说话的双方或者多方，还包括思维方式、非言语行为（非言语行为包括说话时的语调、语气、语速、音量、身姿、手势、表情、服饰、体距等[①]）等。著名教育学家叶圣陶认为，国文教学独当其任的任是阅读和写作的训练。[②] 目标在于培养学生阅读和写作的能力，这也是从语言文字运用出发。张志公认为，学好语文的三道关口是字关、句关、篇章关。[③] 这也强调了语文基础知识的重要性。所以语文"器"的一面十分重要，一直以来也是作为语文教学的基本任务在进行。在第二部分所呈现的具体体现"语文不器"理念的十个课堂实录也是在先完成教材常规内容的学习之后，即语文为器的基础上展开的拓展延伸。

语文不器与《义务教育语文课程标准（2011年版）》（以下简称《语文课程标准》）中提到的语文课程是"工具性和人文性的统一"这一观点并不矛盾。只是语文不器的外延更大，它强调的是语文基于教材拓展的一面。有学者提出，语文课程贵在工具性和人文性的统一，难也难在工具性和人文性的统一；而语文性就是工具性与人文性之间的支点。那么在"语文性"之后，难免还会有学者再深挖出其他的"性"。语文不器的外延广阔，避免了类似的论争。

在语文不器的教学理念下，可以将"文"解释为文化。无论是文字，还是文学，都是文化的一部分。语文教学，除了教授汉字的识记与运用，文学的品读与鉴赏，还包含思维力、想象力、创造力的提升，对文化自觉传承的使命感与责任感的培养等诸多方面。

[①] 吴为善，严慧仙.跨文化交际概论［M］.北京：商务印书馆，2009：180.
[②] 成尚荣.定义语文［M］.上海：华东师范大学出版社，2017：3.
[③] 张志公.漫谈语文教学［J］.中华活页文选（教师版），2008（10）：8—12.

二、语文不器的必要性

上一部分我们已经阐明了语文不器是什么，且充分肯定了"语文为器"在语文教学中的重要作用，那为什么又要提倡语文不器呢？下面就具体来论述这个问题。

首先，**语文不器是对"语文为器"必要的辅助与拓展**。毫无疑问，"不器"的定位是辅助、拓展，要先带领学生完成对"器"的学习，然后再进行"不器"的拓展，但对于"不器"的拓展又是必要且重要的。刘水连在《器知技，技立器，器养道：技、器、道三位一体语文教学》中写道："器"是表达的形式以及表达的文体，包括字、词、句、修辞等，"器"就是知识或者文章本身，可以说学习"器"就是认识和了解工具的一个过程。[1]但如果只谈"器"，则缩小了语文的范畴，在教材使用上也可能囿于表层的语言文字运用，缺乏对教材的深入挖掘；在课堂活动、巩固练习上可能也只是单一的内容和形式；在评价反馈上，也是单一的评价体系。语文原本就有"器"和"不器"两面，语文的外延十分广阔。因此，我们也应以一种广阔的视野来看待语文教学，"着眼于终身发展的语文，有价值理想的召唤……进一步完善语文教育的体系。"[2]教育的最终目标是培养人，而语文除了知识的传授外，还十分重视学生人格的塑造。学者赵今就谈道：教育要培养具有必备品格和关键能力的学生，这样的学生既要有承担"器物"职能的才华，也要有"不器"的格局和境界，才能较好地适应未来社会发展，成为国家和社会需要的人才，但他也指出当前教育存在"器"与"不器"失衡的问题。[3]因此，我们要重视语文教学乃至整个教育中"不器"的一面。

---

[1] 刘水连. 器知技，技立器，器养道：技、器、道三位一体语文教学[M]. 广州：广东高等教育出版社，2018：8.

[2] 成尚荣. 定义语文[M]. 上海：华东师范大学出版社，2017：20.

[3] 赵今. "君子不器"与立德树人[J]. 教育科学论坛，2019（04）：7.

第一部分 语文不器：内涵与实施

其次，语文教学的性质要求实现语文不器。《语文课程标准》对语文课程性质的说明是：语文课程是一门学习语言文字运用的综合性、实践性课程。义务教育阶段的语文课程，应使学生学会初步运用祖国语言文字进行交流沟通，吸收古今优秀文化，提高思想文化修养，促进自身精神成长。工具性与人文性的统一是语文课程的基本特点，工具性其实就是"器"的一面，而人文性则体现的是"不器"的一面。有学者提出"人文学科的出现根源于人的本性"[①]。而语文是所有人文学科的基础，甚至可以粗浅地说中国语言文学、历史、哲学、新闻学等都是语文的细化，这一点从语文教材就可以看出来。比如说我们学习的八年级下册第六单元的《石壕吏》，如果不知道当时的历史就可能无法准确地解读诗歌，这就是语文和历史的关联；八年级下册第一单元的《安塞腰鼓》，可以让学生通过语文学习了解西北独具特色的民俗文化；八年级上册第五单元的《中国石拱桥》和《苏州园林》两课是对桥梁和园林的介绍，可以通过课文的学习，带领学生走入建筑文化的世界；八年级上册第四单元的两篇散文《永久的生命》《我为什么而活着》包含对人生、生命哲学层面的思考，能够引发学生更深地思考。语文是人文学科的基础，包含各类知识，和多个学科互通。试想如果作为人文学科的基础，语文没有了对"不器"的渗透和关注，又该如何探究人性，如何实现教育的根本任务"立德树人"。

教语文要有语文不器的视域，要站在广博的角度以"大语文"的视角教学，引导学生学语文，不被狭隘的语文观所限。语文的字词句等知识的学习以及对古今中外文学作品的理解、各种文体的写作等，都脱离不了文化、政治、历史、传统、心理学、哲学等，这都是语文不器以及"大语文"的体现，所以在语文教学中进行适当的拓展是十分必要的。初红君曾提出：要重视语文教学的综合性，应在"大语文"教学观的指导下进行教学，让学生不仅具备必要的语文基础知识，还应在文化鉴赏、文化传递以

---

① 赵今."君子不器"与立德树人[J].教育科学论坛，2019（04）：8.

及自我的文化内涵与素养的提升方面进一步强化。①

除此，**语文教学模式的发展历程也表明在当今教育信息化的时代，语文教学呼唤拓展式课堂，语文不器观念指导下的教学体现了语文教育的发展**。学者张静研究了当代语文教学模式的发展历程，归纳了三种研究模式。一是智能培养研究教学模式，教学基本过程大致表现为"感知—理解—运用"；二是整体教育研究教学模式，重视整体教学，关注语文与生活、与其他学科的联系，教学过程表现为"感受—领悟—积累—运用"；三是素质教育研究教学模式，重视创新意识和创新能力的培养，提倡个性化教育以及将现代教育技术运用到教学中，"引导—发现"是这一阶段的典型教学模式。②从教学模式的发展历程来看，也可以明显地感觉到语文教学逐渐由单一技能素养的培养不断向综合素养的提升转变，语文教学有条件也有必要进行拓展式教学。语文不器是教育信息化时期语文教学发展的必然。

另外，**语文课程的课程特点也要求语文不器**。语文课程具有开放性、连续性、渗透性的特点③，从这些特点不难看出语文具有非纯工具性、拓展性的一面。语文不器，就是课堂教学不仅要向学生传授基础知识，还要进行必要的拓展和延伸。它要求教师以开放的眼光选取教学内容，同时重视内容的连续性，体现"大语文"的特点。

最后，**语文不器更有利于语文核心素养的养成**。上文已经提到不同学者对于素养有不同的分类标准，对此我们不做探讨，我们所讨论的语文不器依然是在语文核心素养的视域下进行的，其目的也是为了促进核心素养的形成。钟启泉先生认为在近代学校教育中，"素养"就是指"以书面语言为媒介而构成的书面文字的沟通能力"④。当前所倡导的语文核心素养包

---

① 初红君.大语文理念下高中语文教学策略优化研究[J].散文百家（新语文活页），2020（02）：10.
② 张静.论当代语文教学模式研究的发展历程[J].沙洋师范高等专科学校学报，2006（6）：82.
③ 成尚荣.定义语文[M].上海：华东师范大学出版社，2017：4.
④ 钟启泉，崔允漷.核心素养与教学改革[M].上海：华东师范大学出版社，2018：4.

括：语言的建构与应用、文化的理解与传承、思维的发展与提升、审美的鉴赏与创造,既包括功能性素养,又包括其他素养,既有语文工具性的一面,也有语文拓展性的体现。核心素养中语言的建构与应用能力的形成与提升就是对功能性素养的培养,是认识并学会使用、运用语言文字这一工具,这一素养的培养是语文教学的基础和重点。但随着语文教学实践的增多,对语文教学认识的不断深入,越来越多的学者认识到素养不能等同于技能,功能性素养只是语文教学需要培养的一个方面。哈希曾提出"文化素养"这一概念,对"素养"予以"文化"限定,强调从个人出发认识与社会的关系,在民族文化中创造、培养素养。① "文化的理解与传承"是当前所提倡的语文核心素养中的一个重要方面,强调在教学中渗透文化内容的讲解,拓展学生的文化知识,加深学生对民族文化、历史文化的理解,增强学生的文化自信,在潜移默化中培养学生自觉传承文化的使命感和责任感。

　　语文不器除了有利于学生增强对文化的理解与传承外,也有利于促进审美的鉴赏与创造能力的提升以及思维的发展。审美能力和思维能力都是综合能力的重要方面,要想这些能力得到较大提升,只关注语言文字的运用是不行的,而是要在语文不器教学理念的指导下,创新教学方法,采用多种教学形式来提升。比如,在本次的课堂实录中有的课是通过朗诵来让学生感受诗歌之美,有的课是通过中西方绘画的对比让学生感受艺术之美。学生认识的汉字、背会的诗词,甚至学习到的知识都有可能会被遗忘,但是良好思维习惯的养成以及思维能力的提升将会让学生受益终生。因此,在语文教学中要引导学生拓宽思维的广度、发掘思维的深度、转变思维的方式。而体现语文不器的教学就是通过深入挖掘教材,引导学生深入思考。如从"肉食者谋之"来探究"为什么肉食者可以代表位高权重的人"这个问题;从《爱莲说》中三种花与三类人的对应关系来探究花木中

---

① 钟启泉,崔允漷.核心素养与教学改革[M].上海:华东师范大学出版社,2018:4.

所蕴含的君子品行以及为什么这些花草树木能够代表这些品德等问题。除此，还可以将思维的训练放置于某一主题中，如在第三部分《例说基于高阶思维培养的初中写作教学》一文中谈到在写作教学中培养学生的高阶思维能力。

因此，语文核心素养看似是包括四个方面，但当学习者真正地形成"核心素养"之后，拥有的是一种综合的素养，是一种整体的能力，而并非若干素养的简单叠加或机械综合。而语文不器所倡导的恰恰就是包括技能素养在内的整体的提升，一种综合素养的培养。

三、语文不器的教学实施

语文不器的教学实施应以"大语文"为抓手，深入挖掘教材，探索教材中培养学生核心素养的生长点，并联系生活实践开展拓展式教学。它立足教材、深挖教材，适当进行学科知识的整合，注重教材与生活的关联，以丰富语文课堂学习内容、调动学生学习积极性、提升学生语文核心素养为目的。

（一）以"大语文"为抓手落实语文不器

语文不器是"大语文"观的体现。"大语文"观讲究学习内容的丰富性，知识的广博性，但是这种"广"并非是毫无边际的"广"，而是以语文核心素养为依据。正如万晓霞认为从语文教学的角度来看，"语文核心素养四个维度的夯实与训练，必须与'大语文观'相关联，借助深度锤炼、广泛拓展、思维辨析和浸润感知，真正推动学生语文素养的高效发展"[①]。语文从来就不是只培养学生某一方面的能力，更不是单单以考试或者升学为目的，除了语言的应用与建构之外，还有更多语文不器的一面。

---

① 万晓霞.树立大语文观，铸造核心素养［J］.新教育，2020（8）：72.

"大语文"教学观与传统教学观相比其特点就在于"大",可以从以下三个层面来看:一是**教学内容的广博**;二是**教学形式的多样**;三是**教学评价的多元且更重视过程性评价**。因此,可以从这三个层面改进教学,实现语文不器。

一是**丰富和完善教学内容,使其"广"**。这种"广"是以语文核心素养为依据,以教材为基点,具体如何从教材出发实现教学内容的丰富放在下节"挖掘教材中的生长点落实语文不器"这部分来讲。除了挖掘教材之外,丰富和完善教学内容实现"大语文"的"大"并突显语文不器,还应注重学科间的融合,打破学科壁垒,这样既能扩充知识又能引起学生的学习兴趣,提升语文素养。比如,《学〈曹刿论战〉究等级制度:"肉食者"中蕴含的尊卑等级》和《学〈送东阳马生序〉寻学校变迁:中国古代学校发展变化》就是实现了语文与历史的关联,《学〈山水画的意境〉融美学教育:读懂意境与写实》则实现了与美术的关联,《学〈带上她的眼睛〉用读写结合:为思维插上想象的翅膀》在一些环节则实现了与地理的关联,等等。丰富、有趣的知识容易引发学生的学习兴趣,还能培养学生联系、对比、举一反三的思维能力。

二是**教学形式的多样**。除了传统的讲授式教学外,教师也应不断更新教学的理念,创新教学形式。这里提到的创新并不是说相较于我们认知里"教师讲,学生听"的教学模式一定要有天翻地覆的变化,而是说更新的教学理念下的课堂教学或是教学里某一环节的形式变化都是创新,最重要的还是要"因生""因课"制宜。只有符合学生的认知能力、学习特点,且与课堂内容较为适宜的创新才能发挥积极作用。本次选取的十讲课例就是将问题式教学方法(problem-based learning)作为根本教学方法,问题式教学方法,简称PBL,是一种以问题解决为中心的教学方法[1]。PBL在我

---

[1] 赵君英.基于问题式学习模式:内涵、特征、优势[J].黑龙江教育(理论与实践),2015(05):91-92.

国的翻译有很多种，如问题式学习、问题导向学习、基于问题的学习、以问题为基础的学习、以问题为中心的学习等。第二部分中的十节课堂实录内容很多都是通过问题来引导学生思考、探究，实现语文知识的获得、思维能力的提升、正确价值观的形成等。

当然，在 PBL 的指导下，还要从教学内容与学情出发确定具体的教学形式，如《学〈乡愁〉引群文诵读：于诵读中感悟思乡情》是以朗诵的形式让学生在诵读中品味"乡愁"；《学〈回忆鲁迅先生〉带人物专题：走近鲁迅》则是在课堂中给出"鲁迅的文章该不该移除课本"这一辩题，让学生在唇枪舌战中更深刻地去解读鲁迅。课堂环节中具体教学形式的创新就更多了，如《学〈爱莲说〉悟君子品行：花草树木中的美好品德》一讲中加入了"诗词比拼"环节，让学生提前搜集相关诗句在课堂上进行小组比拼赛，类似《中华好诗词》的课堂活动极大地激发了学生的学习兴趣，也增加了学生的诗词积累。在《学〈送东阳马生序〉寻学校变迁：中国古代学校发展变化》这一讲中则通过让学生分享自己想要穿越的朝代引入本课，在带领学生了解中国各个朝代的学校教育制度之后，让学生再次选择要穿越的朝代结束本课，有始有终的"穿越"颇受学生欢迎。在《学〈《庄子》二则〉思为人处世：做"大鱼"还是"小鱼"》一讲中，则是引入电影《大鱼海棠》，实现课堂与影视作品的关联，引导学生从多个维度去感悟庄子的智慧。除了课堂教学环节外，在作业环节也可以有所创新，作业不再局限于笔头，还可以有其他形式，比如《学〈乡愁〉引群文诵读：于诵读中感悟思乡情》的作业就是做一个小采访，采访自己的父母、爷爷、奶奶等身边的人，更进一步地去感悟"乡愁"。另外，在平时的语文课堂也可以加入一些小的环节，既形式新颖有利于提高学生的学习兴趣，又能够拓展学生的知识面。因此，笔者在每一节课前几分钟开展行之有效的"说"的训练，经过今年的实践也摸索出一些做法，具体在第三部分《训练演说，自主快乐地学语文》进行论述。除了"演说"之外，在长期的教学实践中也尝试从作文、课堂、作业等方面探索行之有效的教学方式，构建幸福语文课堂，让学生在语文学习中获得幸福感,具体的论述也是放在第三部分,在《立足文本 关注学情 构建幸福语文课堂》中展开。

三是**教学评价的多元化**。无论是语文不器的理念,还是"大语文"教学观,抑或是对学生语文核心素养的培养,都十分注重学生的成长与成才,注重个体的全面发展。这都说明成绩不是衡量学生语文水平的唯一标准,教师应采取多元化的评价体系,既看重"质"层面的评价,也要肯定"量"层面的努力;既有结果性评价,也要看重过程性评价。语文的学习是一个不断积累、水滴石穿的过程,一定量词语的积累、一定量佳句的积累可以实现学生语言建构与运用能力的提升,一定量书籍的阅读对于提高学生的阅读理解能力、写作能力,促进完善人格的形成大有裨益,因此教师要引导学生重视"量"的积累,以期自然而然实现"质"的转变。另外,除了重视对学生阶段性考试、表现的结果性评价,更应注重对学生课堂表现、作业情况等的过程性评价,肯定学生每一次小的进步,比如某次作业完成较好,某个问题回答得十分精彩或是一个好习惯的养成等。总之,多元的评价标准需要教师看到学生优秀的一面、进步的一面并及时肯定,让学生在语文学习中获得更多的满足感、成就感。

(二)挖掘教材中的生长点落实语文不器

教材是教师"教"和学生"学"的重要依据,"语文教材是生成听说读写等形式的语言建构与运用活动的重要凭借"①。但如果深入挖掘教材,可以发现很多能够培养学生语文不器的生长点。把生长点作为"课眼"的课可以以拓展课的形式开展。

教师讲课的"课眼"不同于教材中每一篇文章的"文眼"。"课眼"是指向课堂的,因此凡有效的课堂教学,都应该有"课眼"。在常规课的教学中,教师备课首先要找到所要讲的文章的"文眼",然后还要考虑整册

---

① 钟启泉,崔允漷.核心素养与教学改革[M].上海:华东师范大学出版社,2018:31.

书、整单元的教学任务以及学生的已有经验和理解能力,综合这些因素预设"课眼",这时"课眼"未必就是"文眼",对于这个问题在第三部分的《"课眼"不等同于"文眼"》一文中具体论述。在这里需要再次强调的是,语文不器是在"语文为器"的基础上进行的,是已经学习过词语、解读过文章之后的拓展延伸课,因此这部分的"课眼"是对教材中某一个问题的探讨甚至是某一问题的某个方面进行深入思考,是让学生在思考探究过程中了解历史文化知识,提高思维力、想象力、创造力、审美鉴赏力,获得人生启示乃至解决生活中实际问题的能力等,真正实现语文不器,让学生能够在语文学习中受益终生。下面就通过列举几个课例来具体阐释,所举例子均出自部编版教材(人民教育出版社)。

比如在所选的十讲课例中,《学〈曹刿论战〉究等级制度:"肉食者"中蕴含的尊卑等级》这一讲就是从九年级下册第六单元《曹刿论战》中的"肉食者谋之"一句中选取"肉食者"一词,从这个词的解释"有权位的人"这一生长点,引导学生探究中国古代等级制度,主要侧重于扩充学生的历史文化知识,从而实现自觉传承。而《学〈山水画的意境〉融美学教育:读懂意境与写实》这一讲则是在学生学完九年级下册第四单元《山水画的意境》后,从这篇课文强调中国山水画看重景和情的相融这一生长点,引导学生初步了解了中国山水画以及中国画的艺术特点之后,让学生在赏析世界名画中欣赏美、感悟美,培养学生高雅的趣味,提高学生的艺术审美鉴赏能力。而《学〈带上她的眼睛〉用读写结合:为思维插上想象的翅膀》这一讲则是在学生学完七年级下册第六单元《伟大的悲剧》《太空一日》《带上她的眼睛》几篇课文之后,从在文章中合理使用联想和想象手法这一生长点出发,让学生仿照课文,在想象中发散思维,激发写作的欲望,最终再让学生以书面表达的形式呈现,从而提高包括语言的建构和运用在内的多种能力。对于《学〈爱莲说〉悟君子品行:花草树木中的美好品德》这一讲,也是在学生学完七年级下册第四单元《爱莲说》之后,从课文通过赞美莲花来赞美君子的美德这一生长点,引导学生在花木

第一部分　语文不器：内涵与实施

中感受中国人看重良好品行的传统，引导学生重视自身修养，培养美好品德，从而落实"立德树人"这一根本任务。与此同时，也在思考探究的过程中提高学生的思辨能力。

总而言之，教材是确立语文教学内容的重要依据，但语文教学不应只局限于教材或者考纲，而是应有"大语文"的教学理念，凡是能够促进学生语文核心素养提升、有利于实现语文不器的内容都可以考虑放置在教学中。语文这门学科，就像是信息的中转站，光有中转的技能是不行的，还要有足够的信息来中转。这些信息是包罗万象的，可以是考古、是宇宙、是思想、是万物……因此，教师应积极围绕教材和教学目标以多种形式扩大学生知识面，增强学生相应的能力。

（三）联系生活实践实现语文不器

语文不器要求课堂教学在丰富和拓展学生知识的同时，也能实现语文与生活之间的横向联系。"大语文"理念下的语文不器就是引导学生学会独立思考，自由自在地表达，保持本身思想的独立性，不做人云亦云、空话、大话、套话的表达。在狄泳秋看来，"大语文观"的核心是强化与生活的联系，促进学生全面素质的提升，构建完善的教学体系，特别是要着眼于学生综合素质的发展，强调对学生的启发引导[1]，而要真正实现语文不器，也要在联系生活实践中去落实。比如《学〈散文二篇〉感生命意义：我为什么活着》这一讲，就是通过引导学生思索生命的意义，感悟个体生命的短暂性与人类生命的永久性，引导学生将个人梦想与国家、民族、社会相联系。以"语文与生命教育"为切入点，实现语文与现实生活之间的横向联系，更好地达成语文教学三维目标中的"情感态度与价值观"这一目标，让学生真正从语文中受益。

"大语文"教学观在不断的教学实践和探索中得到了越来越多教师、

---

[1] 狄泳秋.论"大语文观"下的中学语文教学［J］.中学语文，2016（18）：22.

语文不器：拓展的语文教学

学者的认可，语文也不断走出教材、走出校园，与历史文化、哲学艺术、生活实践、生命价值、文学影视等相关联，让"大语文"拓展学生知识，促进思维发展，提高艺术审美能力，形成完善人格，指导生活实践，实现语文不器。语文的内涵和外延是生活实践，语文的最终指向也是希望学生能够在语文中受益，拥有更好的生活。因此，联系生活实践是语文教学和语文学习的必然要求。比如在学完九年级上册第一单元《乡愁》之后进行的《学〈乡愁〉引群文诵读：于诵读中感悟思乡情》一讲中，让学生从"乡味""乡音"中感悟"乡愁"，这个时候学生就自然而然地将语文与生活联系起来。下面通过学生写的作文具体来看：

浓郁的香味

深圳市第三高级中学初中部　狄瑞麟

我的家乡在陕西，而在陕西，最被当地人喜爱的美食，莫过于肉夹馍了。

肉夹馍是两种食物的结合体，它们分别是白吉馍和腊汁肉，那加入三十多种调料慢火烧制的肉，块块滴着诱人的油水，软糯浓郁，馍的麦香使肉的醇香肥美更好地凸显出来，一口咬下去，那带着袅袅白烟的精心烧制的肉便在两小块白膜的包裹下由舌头送进了你满含期待的口中。"噗"，肉的浓汁在牙齿的咀嚼中悄悄地窜了出来，甚至你自己都没反应过来的时候，鲜嫩烂软的肉便伴随着白面膜滑进了你的肚中，意犹未尽的人们也会在此时放下身份狼吞虎咽地吃，哪怕你的胃想要反抗，你的嘴也会情不自禁地咽下一口又一口，我想，就算嘴巴再叼的人面对肉夹馍，也会束手无策吧。

在家乡还有一道令人魂牵梦萦的菜，它的名字叫红烧牛肉面，与以往康师傅的牛肉不同的是，家乡的牛肉选用牛腱心，那带筋、含高量胶质的肉，炖煮后耐嚼弹牙，母亲通常用冒着滋滋热气的油锅煸炒姜、葱，再放入豆豉、豆瓣酱来爆香，最后把先前熬好的牛骨汤倒到里头，便是这碗牛肉面的汤头。腱子肉切大块，炖煮入味，再把手工制作的面放到沸水中等待片刻，控制好火候，一碗拥有韧性的面就煮好了，撒上一点葱花，摆好牛肉，倒上一点点醋，早就迫不及待的我，赶忙"吸溜"一声，面筋道柔韧的口感和弥留的香气，可以使你忘掉一切去享受美食所带给你的欢乐，咕噜下肚，甚至连肠道都还残留着那包裹着汤汁的面的香气，这很容易使人联想到富饶的天府之国，意犹未尽的我夹起一块色泽晶莹的肉，由左向右撕咬下一块来，舌尖的舔食使肉的浓郁在口中散发到最大化，在你意犹未尽之时，不知不觉地滑入胃中，此时再"啜"上一口汤，闭眼享受着春风临面的感觉，被美食的味道所充斥的我不由得发出满足的声音。我想，这也许就是美食所展现的魅力吧！

乡味成了我与故乡联系的纽带，一头锁定千里之外的异地，另一头则永远牵绊着记忆深处的故乡。乡味不改，相思难忘。

乡味：家乡的粽子

深圳市福田区外国语学校　李柏睿

"未食五月粽，寒衣不敢送。"我的家乡是广西，但我却常住广东。我每次回老家过节，总会吃到伯母亲手做的粽子。粽子内藏有甜软的绿豆和肥而不腻的五花肉，以至于光是闻下粽叶的清香，就足以咽三大口唾沫了。这股清香，总是在我思乡时萦绕在我的心弦上。这就是家乡独有的味道，如同一条锁链，把离乡人与家乡紧紧地系在一起。

每次包粽子，伯母都会拿出泡了一晚的青色箬叶，所有叶子都已胀大开，水也泡绿了，一股淡淡的清新气息在空气中弥漫开，钻入每个人的鼻孔。脱壳绿豆贪婪地吸水，胀得老大，还有的已经裂开来了。伯母的手很灵巧，三下五除二就包好了一个粽子。她先把两张箬叶合在一起，形成一个筒状，再放两勺洁白如玉的糯米进去，接

语文不器：拓展的语文教学

着盖上一汤匙的绿豆，白色与绿色相混，另有一番风趣。紧接着，她放上一大块扣肉，油脂渗进绿豆和糯米中，形成了一层油膜……伯母才做到这步，我就已经开始幻想成品了：打开高压锅盖，一股掺杂了箬叶清香的蒸汽扑面而来，让整个房子香气氤氲，我仿佛置身于密竹之中，不知归路。林中竹子枝干遒劲，枝叶遮天。阳光点缀在竹林的空地上，光影斑驳，婆娑舞动。微风徐徐，带走了气里的最后一丝热气；白云飘飘，卷走了脑海中的最后一丝烦恼，一切都如天堂般美好……

粽子已经熟了，高压锅发出欢快的噗嗤声，把沉醉于幻境中的我带回现实。打开锅盖，粽子个个色如翡翠。我"饿虎扑食"，抓起粽子，顾不得烫就赶忙剥开。一层给箬叶染绿的糯米，闻起来有一股甜甜的香气。米与米之间粘有许多的米胶，一口吞下去，软软糯糯的，粘在牙齿与舌头上，颇有嚼劲。再撕下一块，满嘴都是绿豆沙，原本一粒一粒的绿豆给高压蒸融了，又吸收了五花肉的油脂，吃起来粉粉的、甜甜的。这时的我更加垂涎欲滴，一口吞下半个粽子，咬下半块五花肉。五花肉吸取了箬叶、糯米、绿豆的精华，又没完全盖住肉的香气，香气在嘴里徘徊，久久不散。一嚼，肉汁与满足感瞬间在口腔中迸裂开，我吃下一口又一口，满嘴都是幸福。看着一家人坐在一起吃丰盛的佳肴，心中的一点儿空虚，也被幸福所填满……

常住于异乡，乡味犹残存。每一次回到家乡，那股乡味就仿佛找到了根源，在心中油然而生，漫延到喉咙，在嘴角无休止地徘徊。也许，那早就不再是乡味了，而是转变成我们离乡人，对家乡无限的怀念与盼望啊。

除了写关于"乡味"的作文，还在课堂上开展了"猜猜我的家乡话"活动，让学生在"乡音"中走近家乡，品味乡愁。除此，考虑到大多数学生基本上是在深圳长大，只有逢年过节的时候才回老家，可能没有父母或者爷爷奶奶那样了解家乡，或者说对家乡记忆有限，对家乡的变化感受不深刻，因此，课后作业是做一次小采访，让学生从熟悉的人身上更真切地感受乡愁。

教语文就是要帮助学生形成正确、完善的世界观，提升学生的语文素养。无论是语文教学的三维目标，还是语文核心素养的四个方面都说明了语文教学除了"语文为器"之外还有更多语文不器的内容，好的语文教学一定包括"器"与"不器"两个方面，并且能够在实际的教学中实现两者的统一。我们的语文教学绝不是一时的知识的学习，而是将包括知识在内的所有内容内化后帮助我们解决实际的问题，从而对我们的人生有所启发和指引。总之，让学生带得走的语文，或者是能让学生受益终身的语文，一定是内化了的"器"和"不器"，这也是我们强调语文不器的意义所在。

第二部分的十个课例，是在语文不器理念的指导下，在完成教材常规知识的讲解的基础上，深挖教材，寻找生长点，进行适当地拓展和延伸，希望笔者的教学实践能够丰富和补充语文学科的研究与实践，为其他语文教育者提供一些借鉴和参考。

第二部分

语文不器：教学案例

　　教学理念指导课堂教学，理论能够落地，课堂教学也会增值。语文不器教学理念指导下的语文课堂有着更多的开放性、综合性、创新性，更加注重知识的拓展、学生思维能力的提升以及探究能力的培养。

　　为了更好地说明语文不器在教学中的具体应用，本书的第二部分展示了十个教学案例，每一个案例都有详细的课堂实录和深刻的教学反思。为了突出语文不器理念对课堂的引领作用，课堂实录部分省去了常规教学的内容，重点展示捕捉教材生长点后拓展教学的部分。

　　十个课例涵盖文言文教学、现代文教学、现代诗教学、写作教学等。十个课例同时也针对了语文教学中的七个误区，试图提供走出误区的解决方案。课例一、二针对"学习文言文就是死记硬背"这一误区；课例三、四针对"语文课渗透德育常用说教的方式"这一误区；课例五、六针对"学习哲理类文章以教师单一讲解为主"这一误区；课例七针对"学习艺术审美类文章只须疏通文义，无须扩展融合"这一误区；课例八针对"对作家作品的学习就是把握好每课重点难点"这一误区；课例九针对"学写想象类作文就是任学生自由发挥"这一误区；课例十针对"学习名著就是了解作家、写作背景、故事梗概，并进行人物分析、写法总结"这一误区。

语文不器：拓展的语文教学

教学误区

　　认为学习文言文就是死记硬背，背课文、背注释、背翻译，甚至主题思想也是以背为主。为提高分数，老师的教学重点也常常放在知识点的背默上。文言文学习的课堂常常以五分钟字句翻译及默写小测开始，以老师照着教参一字一句讲精准的译文，并强调学生记好笔记为主。

课堂反馈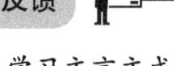

　　学习文言文成了学生沉重的负担，机械地背诵逐渐代替积极的思考。记忆力成了学好文言文的关键，思维力的锻炼越来越少。文言文教学承载着传递历史、哲学、美学等优秀文化基因的课程目标不受重视。于是，面对着教材编者精心选录的文质兼美的文言文，学生们无甚兴趣。

教学对策

　　让学生知其然，并知其所以然。在文言文教学中，引导孩子们去探究课文注释背后的文化知识，鼓励他们多动脑、巧质疑、查资料、勤探究。让学生理解每一个字、词、句的翻译，在理解的基础上达到轻松再现知识点的目的。

　　以下两个课例是笔者在文言文教学中激发学生探究、思考的两个教学片段，不是两节完整的课堂实录。为了突出激发学生思维力、调动学生学习兴趣、引导学生探究的拓展式文言文教学与传统文言文教学的不同之处，笔者省略了常规教学内容的实录部分。

一、学《曹刿论战》究等级制度:"肉食者"中蕴含的尊卑等级

教材生长点

本课以九年级下册第六单元《曹刿论战》中的"肉食者"为例,以"文言与文化"为切入点引导学生探析中国古代等级制度,实现语文教学与历史文化知识的纵向联系,让语文学习深耕于历史文化,引导学生爱上语文,加深学生对文化的理解,从而达到自觉传承。

课文出处

其乡人曰:"肉食者谋之,又何间焉?"刿曰:"肉食者鄙,未能远谋。"

——九年级下《曹刿论战》

教学过程

教学内容	师生行为	教师行为意图
组织教学,导入新课	师:同学们,大家好,在《曹刿论战》中有这样一句话:"肉食者鄙,未能远谋。"大家还记得"肉食者"是什么意思吗? 生:本义是吃肉的人,在这里指位高权重的人。	从课文内容导入新知识,让学生明白语文的学习不局限于课本知识,要勤于思考,不断拓展。

续表

教学内容	师生行为	教师行为意图
讲解新内容	**课文出发，深入探讨** **师：**很好，"肉食者"指位高权重的人，那么问题来了，为什么吃肉的人可以代表位高权重的人呢？ **生1：**只有有钱有权的人才能吃上肉，穷人吃不起肉。 **生2：**曹刿是在春秋时期，穷人不能吃肉。 **生3：**应该是穷人不能顿顿吃肉，偶尔也可以吃肉吧，比如说自己在山上打了一只野兔，总可以吃吧。 …… **师：**大家讨论得很热烈，回答得也很精彩，每个人都说出了自己的看法，真正的原因到底是什么呢？需要我们一起探究。 刚才有同学提到了一个很重要的时间点，当时是什么时期？ **生：**春秋时期。 **师：**是的，春秋时期，在大家的印象中，春秋时期是一个怎样的时期？ **生1：**春秋五霸，诸侯割据。 **生2：**封建社会，有君主有臣子。 **生3：**生产力比较落后，有的人没有东西吃。 …… **关联影视、思考探究** **师：**大家给出了很多推测，也基本符合那个时期的特点。我们平时除了从书本上了解历史文化知识外，也可以通过一些影视剧来了解。不知道大家看过《封神榜》吗？	以问题的形式激发学生的思考，不仅让学生回答问题本身，更让学生在别人的回答中有更多的思考。 问题的设置由浅入深、循序渐进。 将所要讲的知识与大家熟知的影视剧关联，激发学生的学习兴趣，引发大家的共鸣，帮助学生理解知识。

续表

教学内容	师生行为	教师行为意图
讲解新内容	**生**：看过，看过。 **师**：《封神榜》主要讲了在姜子牙等人的帮助下，武王伐纣建立了周朝的故事。为什么要说到《封神榜》，和我们今天要探究的问题又有什么关系呢？这里我们必须要理一下时间线。 在《朝代歌》中有这样一句："夏商与西周，东周分两段，春秋和战国。"根据这句话谁能说一下《封神榜》和《曹刿论战》分别是什么时候的故事？ **生**：《封神榜》是西周，周朝刚建立的时候；《曹刿论战》是在春秋，东周前期。 **师**：很好，在时间上看似相隔甚远，其实都属于周朝，同一个朝代使用的制度应该没有太大的变化，尤其是一些根本性的政治制度。 **构建情境，增强趣味** **师**：那大家再考虑一下，制度的建立一般是在什么时候？ **生**：刚建朝的时候。 **师**：对，是在朝代建立初期。历史上，姜子牙确有其人，在武王伐纣过程中也起了很大的作用，影视剧中姜子牙一战封神。大家想想，现实中周王无论如何也不能把姜子牙封为神，毕竟自己也是一介凡人，那周王要如何奖赏姜子牙这些功臣呢？同学们可以把自己想象成周王，如果是你，你会怎么做？	让学生从课堂穿越回历史，为周王建言献策。给学生不受限制、大开脑洞的机会，促进学生思维的提升与发展。

续表

教学内容	师生行为	教师行为意图
讲解新内容	生1：加官晋爵，让他当大官。 生2：每年给他多发工资，多发粮食。 生3：娶姜子牙的女儿，让她当皇后。 （全班大笑） 师：皇帝/皇上这一称呼是在秦朝才有的，所以这个时候要当也是当王后哦。 生4：给他封块地，让他自己去管。 生5：赏赐很多奇珍异宝。 …… 师：大家可真大方，如果你们是周王，那姜子牙的奖赏一定不会少。《诗经》中有这样一句话"普天之下，莫非王土；率土之滨，莫非王臣"，"王"就是周王，这句话就是说天下是周王的天下，所有人都是周王的臣民。天下这么大，周王管不过来怎么办？ 生：让他的臣子帮他管。 师：是的，周王也确实把土地分给了有功的大臣以及和他有亲属关系的人，封其为诸侯，将此作为奖赏。 那大家再思考一个问题，周王和诸侯都拥有一块土地，管理着土地上的人民，又该如何来体现天子的尊贵呢？ 生：制度。 师：对，非常好，就是靠制度，周朝实行分封制，将土地和人民分给诸侯，诸侯在自己的封地内也实行分封制，将土地和人民分给卿大夫，这样层层分封。又实行礼乐制，即严格的等级制，以别尊卑。	自然而然地过渡到知识的讲解，回答课前同学们的问题，课堂前后呼应。

续表

教学内容	师生行为	教师行为意图
讲解新内容	从制度上约束人的行为，"肉食者"就是这种制度下的产物。 　　"肉食者"缘于公膳制，公膳是对具有品级的官员在办公时间内免费提供的一种膳食，按规定"大夫以上，食乃有肉"。因此，"肉食者"代表大夫以上的官员，在课文中指那些有权有位的人。由此可以看出：吃肉不仅是对食物的享受，更是一种身份的象征。 　　"肉食者"为什么能代表有权有位的人，这个问题我们已经解决了，我们再来看看其他问题，一般平民能不能吃肉？ 　　**生1**：不可以，规定里大夫以上的人才能吃肉。 　　**生2**：可以吧，这是办公时的膳食规定，不办公时应该就不管了吧。 　　**师**：食肉者在当时确实多为贵族，但平民老百姓也并不是完全不能吃肉。平民百姓在祭祀时能吃到猪肉，多数还是要自己出去打猎捕鱼，对于牛、羊、鹿这种高级的肉类只有王公贵族才能享用。	
拓展延伸	**问题引导，拓展延伸** 　　**师**：对于课前大家提的问题，我们已经基本解决了，现在大家再来思考一个问题：对不同的人吃什么有要求，那对于烹饪食物的炊具，盛放食物的餐具有没有限制？同学们可以以小组为单位讨论一下，如果有限制又有哪些限制？ 　　**生1**：有限制，周王的食物肯定是最丰富，炊具和餐具的数量应该最多。	回答完"肉食者"的问题后，对于周朝的等级制度可以继续从饮食角度出发进行更深入地延伸，真正实现"大语文"教学内容的广度和深度。

续表

教学内容	师生行为	教师行为意图
拓展延伸	生2：有限制，不过应该是对材质有限制，比如说周王可以用金盘子，其他人就不可以。 生3：那如果对材质有限制，对数量就应该没有限制，周王可以用10个金盘子装肉，那平民应该也可以用10个瓷盘子装野菜。 …… 师：又是一轮非常激烈的探讨，大家的思维都很活跃。通过刚才同学们的回答，我们已经达成了一个共识，使用的炊具和餐具是有限制的，那限制的到底是材质还是数量呢？ 我们依然要聚焦于那个时代，商周时期，是青铜器处于鼎盛的时期，那时食物的烹饪也是在青铜器中完成的。但对于平常百姓来说，青铜器并不常见，青铜器一般是用于祭祀、盛宴等，多为贵族使用。 平民基本不用青铜器，所以平民我们先不做考虑。从上述内容我们可以看出从周王到士，即平民的上一阶层，用的都是青铜器，所以材质是一致的，那如果要分别尊卑，要从什么地方做出要求？ 生：数量。 师：对，很好，是数量。在了解具体数量上的限制时，我们先认识一下那个时期比较盛行的炊具和餐具。 鼎：烹煮肉和存贮肉的器皿。 簋（guǐ）：盛放食物的容器。	针对同学们的争议点一个一个地解决。

教学内容	师生行为	教师行为意图
拓展延伸	鼎　　　　簋 认识了"鼎"和"簋",我们再具体看一下对数量的限制。 天子——九鼎八簋 诸侯——七鼎六簋 卿大夫——五鼎四簋 士——三鼎二簋 值得注意的是,士可以用三鼎或一鼎,一鼎则不配簋。 **师**:如果你来给天子安排膳食,天子的九鼎都放什么呢? **生1**:鸡、鸭、鱼。 **生2**:猪肉、牛肉、羊肉。 **生3**:蔬菜、水果。 **生4**:米饭、馒头。 **生5**:鸡蛋。 …… **师**:哈哈,大家的想象力很丰富,周王的膳食也很丰富,肉的种类多样,还有鸡蛋。有的同学更贴心,怕周王吃肉吃腻了,还给来点蔬菜,上个果盘,如果不是理智提醒着大家那是周朝,是不是恨不得再给周王来点沙拉酱。 那老师要告诉大家的是,九鼎里只能放肉。天子用九鼎,分别盛放牛、羊、乳猪、干鱼、干肉、牲肚、切肉、鲜鱼、鲜干肉九种肉类。	以图示的形式让学生对周朝等级制度有一个直观的了解。 以学生为中心,尊重学生的主体地位,让学生充分发挥想象,打开思维,在课堂上畅所欲言。 在课堂上鼓励学生思考、提问、质疑。

续表

教学内容	师生行为	教师行为意图
拓展延伸	生：老师，之前我在哪本书上看到，中国人在宋朝以前都不怎么吃猪肉，周王会吃吗？ 师：的确，猪肉的普及确实是在宋朝之后，但是早在商周时期就有了猪肉。这位同学可以具体说一下为什么觉得周王不会吃猪肉呢？ 生：刚刚老师讲了等级制度，我觉得周王比较尊贵，但是又感觉猪肉不像牛羊肉那么高级，所以觉得周王不会吃猪肉。 师：我们刚刚看到了天子九鼎，且九鼎都要放肉，为了种类的多样性，应该是会有猪肉的。在周朝，九鼎里放的肉应该就是当时能见到的肉的全部种类了吧。这也说明，天子已将当时可食用的肉类都品尝了一遍。而诸侯用七鼎，卿大夫用五鼎，以此类推，鼎的多少也代表了不同等级所食用肉的品种的多少。 生1：老师，我觉得刚刚那位同学说得不对，猪肉应该也挺尊贵的，当时祭祀用的"三牲"包括牛肉、羊肉、猪肉。 生2：老师，我觉得猪肉应该很便宜，曾子杀彘也是春秋时期的，曾子为了教育孩子说杀猪就杀猪。 …… 师：对于猪肉尊贵与否，我们可能在课堂上无法直接得出结论，在课后老师和大家一起查阅资料来解决这个问题。	面对学生突如其来的问题，教师可能会感到猝不及防，但一定要沉着应对。 如果实在无法当堂解决，也应真诚地告诉学生，并将此作为一个问题，在课后教师和学生通过查阅资料共同解决。
课堂小结	今天，我们从"肉食者"出发，通过探究，了解了"肉食者"能够代表权贵之人的原因，并从饮食上了解了中国古代的等级制度。周朝作为中国古代的一个早期王朝，它所实行的制度可以说影响了之后的整个封建社会，有的甚至对我们今天还有影响。	

续表

教学内容	师生行为	教师行为意图
课后作业	**作业布置，举一反三** 　　等级上的尊卑可以说贯穿于整个封建王朝，同学们可以以小组为单位，自选角度，以"从×××看中国古代等级制度"为主题，搜集资料，下节课完成一个汇报（可以是 PPT 展示，也可以是一个小演讲，或者制作一张手抄报、剪贴报等），要进行课堂展示的小组时间控制在 5 分钟内。 　　在这里老师给大家一些提示，比如说颜色、建筑、服饰等各个方面。 　　大家也可以从古诗中去寻找，以颜色为例，"朱门酒肉臭，路有冻死骨。""翩翩两骑来是谁？黄衣使者白衫儿。""才子佳人，自是白衣卿相。"这些不同颜色都代表着什么？	作业的布置也是从"大语文"教学和学生语文核心素养的培养出发。让学生在学习本课之后，可以选择自己感兴趣的、喜欢的内容做进一步的延伸学习，更好地实现对中国古代历史文化的理解和传承。 　　对于作业最终的呈现形式，不做要求，但也都是基于语文核心素养的培养。如，5 分钟的口头汇报，是为了更好地培养学生的语言建构和运用能力；手抄报、剪贴报、课件的制作除了提升文化的理解与传承素养，也在一定程度上体现了审美的鉴赏和创造。而对于思维的发展和提升，文化的理解和传承则贯穿于本节课各个环节。

语文不器：拓展的语文教学

言文并重，探索文化内涵

"文言文，是中国传统文化的载体，在文言文中，文言、文章、文学、文化是一体四面。"[1] 而当前的文言文教学，教师往往比较关注词语的解释、文章大意的理解，忽视了其中蕴含的文化知识的学习。语文教学承担着文化传承的重任，另外，要培养学生的语文核心素养必须增强学生对文化的理解，引导学生自觉传承文化。因此，在文言文教学中既要看到"言"又要看到"文"。

在中学语文课本中，如果留心观察，就会发现不少文言文中蕴藏着丰富的中国历史文化知识。本课以《曹刿论战》中的"肉食者"为例，以"文言与文化"为切入点引导学生探析中国古代等级制度，实现语文教学与历史文化知识的纵向联系，增强学生对文化的理解与传承。确定了文化教学的内容后，选择合适恰当的教学方式也很重要。本节课就从以下几个环节进行教学：

1. 课文出发，深入探讨

"文言文"，首先是"文言"再是"文"，"文言并重"，要矫正"重言轻文"的错误做法，但也不能矫枉过正。文化教学一般是在学生理解了词语、句子、文章大意的基础上进行的，也就是说先"文言"再"文化"，或者"文言"与"文化"穿插进行。本节课是先从课文出发，即"肉食者"代表什么，然后引导学生思考"为什么'肉食者'可以代表位高权重的人"，来逐步了解中国古代等级制度。

---

[1] 王荣生.文言文教学教什么[M].上海：华东师范大学出版社，2014：4.

2. 关联影视，思考探究

将课堂内容与学生熟悉的影视作品关联，不仅能激发学生的学习兴趣，还能为学生提供更多的思考角度，更好地帮助学生理解所学内容。也在潜移默化中引导学生在平时的书籍阅读、影视剧观赏中多思考、多感悟。

3. 构建情境，增强趣味

经过上述环节的引导，学生基本上已经聚焦于那个时代了，然后再给出具体情境："如果你是周王，想要如何嘉奖有功的臣子？"让学生从课堂穿越回历史，调动思维，展开合理想象，探究等级制度。在这一过程中，学生平时对中国古代的认知就会成为答案的主要来源，如"加官晋爵""赏赐很多奇珍异宝""娶姜子牙的女儿，让她当皇后"等，这其中当然也会出现一些不符合历史知识的答案，如"娶姜子牙的女儿，让她当皇后"，秦代创立"皇帝制"，在周朝不可能出现"皇后"这一概念，这时教师可以及时纠正，给学生补充相关知识。学生奇思妙想的答案充满了趣味性，有利于营造轻松愉悦的课堂氛围。

4. 问题引导，拓展延伸

在带领学生解决了"肉食者"为什么可以代表位高权重的人这一基本问题之后，可以以食物等级为基点进行拓展延伸，食物是有等级之分的，那烹饪食物的炊具以及盛放食物的餐具是否也有等级之分，引导学生从更多的角度去感悟中国古代等级制度，这也符合"大语文"教学的理念，实现教学内容的广博性。

5. 作业布置，举一反三

通过上述环节，学生从"食物、餐具、炊具"的角度了解了中国古代等级制度，也明白这种等级观念体现在当时人们生活的方方面面。因此，作业就让学生自选角度去探究等级制度，举一反三。为了更好地引导学生，避免一些学生没有思路或者囿于"食物"这一范围，教师给出"颜色、建筑、服饰"等角度供学生参考。

语文不器：拓展的语文教学

"大语文"教学观注重语文知识学习的广度和深度，文言文中蕴含着丰富的历史文化知识，本节课是从"肉食者"一词来看中国古代等级制度，在《送东阳马生序》一文中，教师还可以从"太学"出发引导学生感受中国古代学校的变迁，在《木兰辞》一文中还可以从"东市买骏马，西市买鞍鞯，南市买辔头，北市买长鞭"去领略南北朝时乃至整个中国古代的经济制度。对于文言文的学习应当既包括文言的学习也包括其中文化知识的学习，让语文深耕于历史文化，引导学生爱上语文，加深对文化的理解，从而达到自觉传承。

观课语：

深圳市福田区外国语学校商中萍老师：本课重在激趣，积极探索文言文拓展课教学的有效路径，令人耳目一新。本课联结文言与文化，语文与历史，文史知识丰富，符合"大语文"教学观的要求。由"肉食者"生发出去，创设情境，引导学生思考：古人的"食"如何体现等级尊卑的差别？激发了学生学习文言文的兴趣，培养了学生探究的良好习惯，扩大了语文知识学习的广度和深度，体现了语文核心素养视域下语文课堂重视思维的发展与提升、文化的传承与理解的教学要求。

二、学《送东阳马生序》寻学校变迁：中国古代学校发展变化

教材生长点

本课从九年级下册第三单元《送东阳马生序》中的"太学"出发，引导学生探析中国古代学校变迁。通过为学生创设"穿越"的情境，激发学生的学习兴趣，引导学生了解中国古代的学校、学生生活等内容，拓展学生的文化视野，增强文化自信，从而培养学生自觉传承文化的使命感和责任感。

课文出处

今诸生学于太学，县官日有廪稍之供……假诸人而后见也。

——九年级下《送东阳马生序》

教学过程

教学内容	师生行为	教师行为意图
组织教学，导入新课	**创设情境，营造氛围** **师**：同学们，大家好。如果同学们具备穿越的能力，最希望穿越到哪个朝代，为什么？ **生1**：最希望穿越到唐代，因为唐代国力强盛，经济、文化各方面都发展得很好，想目睹唐代的繁华景象。 **生2**：我想穿越到汉代，和张骞一起出使西域，去见证和创造一段历史。 **生3**：那我也想到汉代，和卫青或者霍去病去打仗，说不定最后也能当个将军。	创设情境，吸引学生的注意力，增强课堂的趣味性。

续表

教学内容	师生行为	教师行为意图
组织教学，导入新课	生4：我想穿越到清代，因为我外婆是满族人，在清代我说不定是皇亲国戚。 生5：我想穿越到宋代，因为我特别喜欢宋词。 …… 师：哈哈哈，如果真的可以穿越，那我相信大家的穿越之旅一定很精彩。不过在穿越之前，我要告诉你们，你们穿越后的身份不能变，也就是说你们现在是学生，穿越之后依然是学生，大家会选择哪个朝代的学校去上学呢？	
讲解新内容	**循序渐进，由浅入深** 师：在同学们选择穿越的朝代之前，我觉得有必要让同学们了解一下中国古代各个朝代的学校。在我们学习的《送东阳马生序》一课中，其中有一句"今诸生学于太学"，"太学"是什么，同学们还记得吗？ 生：记得，是古代的最高学府。 师：可以这么说，那同学们觉得太学最早是在什么时候出现的呢？ 生1：宋濂是元末明初人，肯定是在元代之前，我觉得是唐代吧，因为唐代有科举制，学校应该比较多。 生2：汉代，我之前查过。 师：是的，就是汉代，太学可以说是我国历史上正式设立的第一所大学。 那大家再猜一下，在汉代之前有学校吗？或者说我国最早的学校出现在什么时候？	引入课文内容，从学生熟悉的知识入手。 引导学生大胆猜测、推断，锻炼学生的思维能力。

续表

教学内容	师生行为	教师行为意图
讲解新内容	生1：应该有吧，秦朝是历史上第一个统一的中央集权王朝，我猜秦朝吧。 生2：我觉得学校和教育应该伴随着人类历史，我猜商周时期吧。 师：学校可能是有一定的要求，比如说要有一定的场所、需要老师等，但教育的概念是很广的，也真的是伴随着人类的历史。 生：难道是原始社会？ 师：是的，单就教育来讲可以追溯到原始社会，大家想远古人类虽然是打猎、捕鱼、采集野果，但这些作为生存技能，也不是生来就会的。因此，原始社会的教育就是在这些生产实践中教会人们生存技能，不过这个时候可没有学校哦。 原始社会下来是哪一个时期呢？这个时期有没有学校呢？ 生1：奴隶社会，应该有吧。 生2：没有吧，大家主要还是为了生存吧。 生3：可能奴隶没有，奴隶主有。 师：这个时期出现了奴隶和奴隶主两个阶层，也有专门的一部分人向奴隶主贵族子弟教授礼乐等，可以说出现了学校。 同学们顺着朝代再来猜一下，正式的学校的产生具体是在哪个时期？ 生：夏，建立了第一个王朝，也代表着进入了奴隶社会。	

续表

教学内容	师生行为	教师行为意图
讲解新内容	**师**：一般认为在夏朝的时候就有了正式的学校。我们一起来看一句话，这句话出自《孟子》："设为庠、序、学、校以教之。庠者，养也；校者，教也；序者，射也。夏曰校，殷曰序，周曰庠；学则三代共之，皆所以明人伦也。"这句话大家读起来可能有点难度，我们一起来看一下，首先"庠"念"xiáng"，大家结合之前学习的文言文知识，翻译一下"以教之"是什么意思？ **生**："以"是用来，"之"是代词，用来教育…… **师**：翻译得很好，这句话就是说要设立、兴办"庠""序""学""校"，用来教育人民。 "……者……也"是什么句式，可以回忆一下"南冥者，天池也"，然后尝试翻译。 **生**：判断句，庠，养育；校，教育；序，射箭。 **师**：注意"养也"，不是养育而是教养的意思，侧重于教。"序"不是射箭的这个动作，而是教射箭。 再看最后一句话中的"明"是什么意思？ **生**：明白，懂得。 **师**：是的，那哪位同学可以尝试翻译一下整段话。 **生**：要兴办"庠""序""学""校"来教育人民。"庠"是教养的意思；"校"是教导的意思，"序"是教射箭的意思。夏代叫"校"，商代叫"序"，周代叫"庠"；"学"这个名称，三代都这么叫，学习的目的都是为了让人明白伦理纲常。	注重文言文词语意思的积累，让学生能够根据学过的词语、句式翻译新内容，提升古文阅读水平。

续表

教学内容	师生行为	教师行为意图
讲解新内容	**师**：翻译得很好，从这段话我们可以大概了解夏、商、周三代的学校。 **构建情境，激发想象** **师**：那大家猜想一下，这个时候的学生都要学习什么内容？ **生**："四书五经"。 **师**：大家想"四书五经"是儒家经典，儒家是在春秋时期百家争鸣的时候出现的，我们之前讲中国古代等级制度的时候提到过朝代顺序："夏商与西周，东周分两段，春秋和战国"，所以这个时候"四书五经"出现得还有点早哦。 **生**：射箭。 **师**：是的，我们刚刚提到过射箭。再猜猜还有什么？ **生1**：音乐、美术。 **生2**：写文章。 **生3**：打猎、捕鱼。 …… **师**：哈哈哈，大家的想象力很丰富。当时集中学习的是"六艺"，包括"礼、乐、射、御、书、数"，同学们也可以尝试推断一下具体是什么。 **生**：礼是礼仪；乐是音乐；射是射箭；御我也不知道；书是书法；数是数学。 **师**：基本正确，但也有个别错误。"礼"是规章仪式，不单单是礼仪，当时有很多祭天、祭祖等大型祭祀活动，对当时的国家来说这些都比较重要，所谓"国之大事，	增加"六艺"等文学常识的讲解，扩充学生的知识面。 让学生更多地了解古代社会的情况，也有利于之后相关文化、历史知识以及作品的学习。

续表

教学内容	师生行为	教师行为意图
讲解 新内容	在祀与戎",这句话就是说国家最重要的事就是祭祀和军事了。因此,规章仪式是当时学习的重要内容之一。 "乐"除了包括音乐之外还包括舞蹈。 "射"就是射箭,这个没有问题。 "御"是指骑马驾车。 "书"要注意不是书法,而是历史。 "数"就是数学,我国的数学起源很早,在历史上也一度领先于其他国家。 刚刚有同学提到了"四书五经",老师也简单介绍了儒家,说到儒家同学们能想到谁呢? 生1:孔子。 生2:孟子。 生3:荀子。 师:很好,看来同学们对儒家还是比较熟悉的。孔子可以说是儒学的提出者,他本人也被尊崇为圣人。 我是一名老师,孔子可以说是我的祖师爷,我们之前学过《论语》,对孔子也有所了解,孔子是全球知名教育家,在教育领域的成就是别人难以企及的,国外有孔子学院,国内更是无人不知孔子,之前还有人提出把教师节改成孔子的诞辰。 **思考探究,拓展延伸** 师:有人认为孔子是中国历史上的第一位老师,结合今天所学,你们同意这个观点吗? 生1:不同意,之前就出现了很多学校,肯定也有很多老师。	通过知识的讲解,引导学生自己对一些观点做出判断。

续表

教学内容	师生行为	教师行为意图
讲解 新内容	生2：可能是因为孔子比较出名，或者是说他是第一位出名的老师，所以被误认为是第一位。 　　生3：也可能人们过于尊崇孔子，所以说他是第一位。 　　生4：不同意，因为孔子肯定也有老师，所以他不可能是第一位。 　　…… 　　师：大家说得都有道理，但这个观点也没有错，大家想知道原因吗？ 　　孔子是历史上最早创立私学的人。私学是什么呢？与官学相对，也就是说在孔子之前，学校被官府垄断，只有贵族阶层才能接受学校教育，而孔子创立私学，很多民间子弟，也就是贵族以外的其他阶层也有了接受教育的机会。我们之前讲《论语》的时候讲过颜回，还记得吗？就是"一箪食，一瓢饮，在陋巷"那个，如果没有孔子创立私学，大家想想颜回能读书吗？ 　　所以，从这一点来说孔子可以被认为是中国的第一位老师。从孔子之后官学与私学形成了中国教育的双轨制，这对现代社会依然有着重要影响。 　　秦代由于时间较短，我们就不看了，接下来是汉代，刚刚提到了一个学校最早出现于汉代，还记得是哪一所学校吗？ 　　生：太学。 　　师：是的，太学，中国历史上正式设立的第一所大学。在太学呢，主要是学习《诗经》《尚书》《周易》等。	类比讲解， 帮助学生理解。

续表

教学内容	师生行为	教师行为意图
讲解 新内容	另外，再告诉想要去汉代上学的同学们一个好消息，汉代除了太学之外还设立了鸿都门学，鸿都门学主要就是学习辞赋书画，是一所专科性质的学校，有点像今天的"×××美术学院""×××音乐学院"。 **古今联系，各抒己见** 师：我们刚刚已经探讨了汉及其汉以前的学校，现在大家也是学生，也在学校上学，各位同学可以以小组为单位谈谈从古至今，不同时期的学校哪些方面发生了变化，又有哪些方面历经时代变迁，一直在延续和传承呢。 生1：我们组觉得随着时代的发展变化，教学的内容肯定在变，之前教学生骑马、射箭，现在教学生语文、数学、历史等具体知识。 师：是的，教育要与时代相适应，不同时代需要的人才是不一样的，所以，不同时代培养人的标准也不同，教学内容自然也会有调整和变化。 生2：要学习的内容更丰富更全面。之前考试就写一篇文章就好了，不像现在要考语文、数学、英语、历史……好多呀。 生3：我们除了考试多，作业肯定也比古时候的多，我们现在是无穷无尽的作业。 …… 师：哈哈哈哈，如果有兴趣的同学可以了解一下我国古代的考试制度，会发现古代的学生也不容易，考试可不是说现在两个小时就结束的。	

第二部分　语文不器：教学案例

续表

教学内容	师生行为	教师行为意图
讲解 新知识	生4：老师教学的方式也有变化，我看电视上老师不讲意思，学生都是在摇头晃脑地跟着读。 师：是的，现在呢，我们不光给学生讲意思，还引导学生和作者的情感产生共鸣，并且有自己的体会，对自己的生活和人生产生积极的影响。 同学们谈了很多对于学校及教学的看法，我们刚刚也讲了孔子，他有很多的弟子，《论语》我们也学过，里面记录了很多他和学生的故事。同学们有没有记得的，可以和我们分享一下。 生：子曰："贤哉，回也！一箪食，一瓢饮，在陋巷，人不堪其忧，回也不改其乐。" 师：很好，这句是说哪个学生呢？ 生：颜回。 师：是的，颜回，刚才我们也提到了颜回，孔子非常喜欢颜回，夸得也很直接，贤德呀，颜回。颜回确实是一个比较有才学的人，但不幸的是，英年早逝，孔子十分惋惜。 其实孔子除了夸人直接外，骂人也很直接，孔子还有一个学生叫宰予，如果同学们不知道他，那"朽木不可雕也"这句话大家一定听说过吧。这句话最先就是说宰予的，大家可以先猜猜宰予做了什么，孔子要这样指责他呢？	在讲新知识的同时，不断引入学生已有的知识，既是对旧知识的回顾，也有利于加深对新知识的理解。 引导学生思考探究，让学生对孔子的认识更加全面。

续表

教学内容	师生行为	教师行为意图
讲解新内容	生：之前学《论语》介绍孔子的时候，说孔子特别重视"礼"，宰予肯定是做了什么事情没有按照"礼"的规范。 师：首先要表扬这位同学上课听得很认真，说得也很正确，但是猜错了。 我们一起来看《论语》中的一个句子，同学们可能就知道为什么了。 宰予昼寝，子曰："朽木不可雕也，粪土之墙不可圬也！于予与何诛？" 谁来简单说一下？ 生：能看出来孔子骂宰予是因为他白天睡觉，然后孔子骂他朽木不可雕也，粪土之墙…… 师：不会读吗？这个字念 wū，就是指把墙面抹平这个动作。整句的意思就是宰予大白天睡觉，孔子说："腐烂的木头不可以雕刻。用脏土垒砌的墙面不堪涂抹！对于宰予这样的人，还有什么好责备的呢？" 大家觉得孔子严厉吗？ 生：严厉，中午睡个觉感觉就要被老师放弃了。 师：哈哈哈哈哈，这样一看，是不是发现自己的老师特别好。 生：是的。（齐声） 生：老师，为什么睡觉就要被批评？不是说"中午不睡，下午崩溃"吗？而且现在都是有午休的，说明午休是很合理的。 师：这位同学很有探索精神，大家不妨一起探讨一下为什么。	

续表

教学内容	师生行为	教师行为意图
讲解新知识	生：因为古代大家都不睡午觉，所以宰予睡就很奇怪。 师：那么问题来了，为什么孔子那个时期的人不睡午觉呢，他们不累吗？ 生：大家比较穷，要抓紧时间劳动，不然没有吃的。 师：哈哈哈，大家可以想想，我们现在一天工作多长时间、学习多长时间，那时候的人工作、学习多长时间，又能工作和学习多长时间？ 生1：工作8小时，学生学习好多个小时。 生2：有的工作8小时，有的工作好多个小时，我爸有一次加班到凌晨2点。而那时候的人就日出而作，日落而息。 …… 师：是的，随着社会的发展，很多工作不再受白天和夜晚的限制。就工作和学习来说，白天和夜晚的约束越来越小，可能很多职业的工作时间就在夜晚。而那时候的人日出而作，日落而息，工作时间相对较短。另外，同学们都知道，古时候人们的劳作主要是种粮食，下雨天是不是不可以种，冬天是不是没有事情，所以有相对充足的休息时间。 夜晚没有光亮，有人为了看书凿壁偷光，我听到有人在下面说可以用蜡烛，但是在春秋时期大家的物质资料是匮乏的，如果有蜡烛还需要去偷光吗？这就有点"何不食肉糜"了。	

续表

教学内容	师生行为	教师行为意图
讲解 新知识	对于那时候的人来说，白天是宝贵的，因此需要做一些有意义的事情，所以宰予白天睡觉，孔子才这么生气。 这告诉我们什么？要合理安排时间，不能因为晚上有电灯白天就不学习，当然午休也很重要，毕竟我们有电灯，天黑后还能看书。	
课堂小结	今天，我们简要讲解了太学及以前的学校，老师可以给出关于中国古代学校变迁的一个图示，同学们如果想要进一步了解，可以课下查阅资料。 "校、序、庠"　增设国子学　"六学二馆"　书院官学化　塾学 夏商周　　　晋　　　唐　　　元　　　清 　　　汉　　　隋　　　宋　　　明 　　　太学　更名国子监　书院兴起　两种性质	以时间轴方式归纳，让学生对所学内容有一个更清晰、直观的认识。
课后作业	**课后作业，提升表达** 本来是想让大家在课上分享的，但是时间关系，只能留在下节课了。 今天的作业就是：梦回_____（朝代）/穿越之_____（朝代），这个是题目。 开头呢，老师也帮同学们想好了：一觉醒来，我竟然来到了_____（朝代），不过我还是个学生……希望同学们能够结合今天所学内容，展开合理想象，期待看到大家精彩的穿越之旅哦。 书面作业布置完了，也要留一个口头作业，下节课同学们依然要进行口头展示，万一遇到穿过去的同学呢，老师也会组织同	作业依然是从"大语文"教学和学生语文核心素养的培养出发。 作业与上课伊始的问题首尾呼应。另外，书面表达的形式有利于锻炼学生的语言建构与应用能力。 下节课的表演展示趣味性

续表

教学内容	师生行为	教师行为意图
课后作业	一个朝代或者同一个学校的几位同学即兴表演"我穿越了,我的同学又成了我的同学,我和我同学的那些事",这个作业同学们也可以提前准备。 再次温馨提醒,不限于太学及太学之前的学校,同学们可以利用网络等方式,收集资料,选择自己感兴趣的朝代的学校。	强,让学生在脑洞大开的同时,也能有一个自我展示的平台。

创设情境,拓展文化视野

现今,人们越来越重视对传统文化的弘扬。"文化传承与理解"是语文的核心素养之一,这一素养"强调在文化的渐染中理解传统文化,寻绎文化基因,扩大文化视域,增强文化自信,并自觉地承担传承文化的责任"①。语文是一门关于语言和文化的学科,语文教材也是文化的重要载体,如果留心观察就会发现教材中蕴藏着许多文化知识。本课从九年级下册《送东阳马生序》中的"太学"出发,引导学生探析中国古代学校的变迁,实现语文与历史文化之间的纵向联系,拓展学生的文化视野,培养语文核心素养。

1. 创设情境,营造氛围

根据一些学者的调查可知,很多学生认为语文枯燥乏味,语文课堂更是让人昏昏欲睡。这就要求教师改变教学思路,让学生对语文产生兴趣。本节课在导入环节就以一个颇具趣味性的问题激发学生的学习兴趣,集中注意力,学生们在这一环节积极发言,阐述自己想要穿越的朝代,让课堂

---

① 石修银.
"文化传承与理解"视域下问题设计的转向[J].福建基础教育研究,2018(05):46.

在一开始就有一个轻松愉悦的氛围。

2. 循序渐进，由浅入深

在导入环节之后，回顾课文中"太学"的含义，并以问题的形式引导学生进行更深入地思考：汉代之前有没有学校；最早的学校是什么时候；那时的学校是什么样的。问题循序渐进，由浅入深，不断引导学生进行更深入地思考，在这一过程中能促进学生思维能力的发展与提升。

3. 构建情境，激发想象

导入是以"穿越"这一话题开始的，也可以将其贯穿于整个课堂。让同学们猜测，如果穿越到了商周时代，会学习哪些内容呢，这时学生就会自然而然地基于自己从影视剧、书籍等内容获得的认知，发挥想象，同时，也会将自己平时在学校中学习的内容联系起来，在这一过程中学生们思维活跃，课堂讨论也十分热烈。当教师给出正确的答案后，学生们也可以及时对自己不恰当的认知进行修正。

4. 思考探究、拓展延伸

在带领学生了解中国古代学校的这一过程中，不可避免地提到万世师表——孔子，可以就此为契机带领学生探究孔子到底是不是中国历史上的第一位老师。在探究中培养学生的思辨能力，同时也可以让同学们对孔子有一个更深入、更全面地了解，进一步拓宽学生的文化视野。

5. 图示讲解，归纳总结

在本节课中，出现了图示，用图示可以让学生清晰明了、直观地感知所学的内容。课堂小结部分的图示，基本上是以时间为脉络来展示中国古代学校变迁的，以时间轴的方式归纳总结可以帮助学生更系统、更全面地掌握所学内容。

6. 课后作业，提升表达

语言建构与应用能力的提升需要丰富的语言实践活动，让学生在实践中逐渐形成个体言语经验，从而在具体语言情境中能够正确有效地运用祖国的语言文字进行交流沟通。① 表达能力包括口头和书面两种，本次作业是让同学们根据所学内容，展开合理想象，假设自己成了哪个朝代的学生会发生什么样的故事，先以文字呈现，然后在课上再进行简单的口头展示。作业旨在让学生发挥想象，促进思维的提升，同时又希望同学们能够在书面和口头表达练习中提升语言建构和应用能力。

另外，既然让同学们选择自己感兴趣的朝代的学校，就不可避免地会出现课堂上没讲到的朝代，因此，老师也要准备相关的内容，以便在下节课上课前进行简要介绍，或在学生分享提及时进行介绍。

以下是本节课对该部分内容的准备：

  魏晋时期，在太学之外又设立了国子学，当时规定的是国子学只收五品以上官员的子弟，太学则收六品以下官员的子弟。

  再下来就是隋唐时期，唐朝是一个繁荣发展的时代，当时也比较重视教育，出现了"六学二馆"，具体看下面的图示。

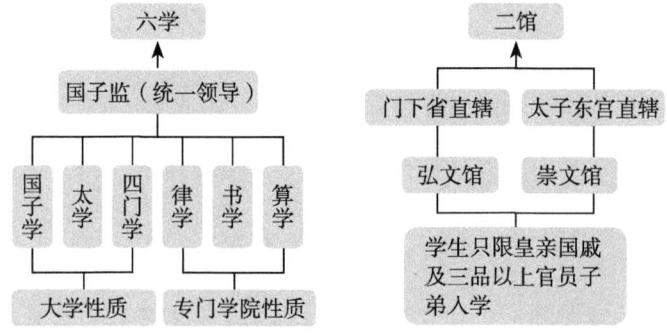

  "国子监"，"监"读四声，就是之前的国子学。

  可以说，唐代学校不断增加，种类也不断丰富。

  再下来是宋元时期，想去这一时期的同学，大家可以选择去书院上学。比较有名的书院有：岳麓书院、白鹿洞书院、象山书院等，说不定朱熹就是你们的老师。

---

① 张洪安．"语言建构与运用"实践路径探析［J］．语文天地，2020（28）：14.

语文不器：拓展的语文教学

明清时期，这一时期对之前的学校有继承也有发展，我们重点来讲发展：

一是国子监取代国子学，开始兼有行政机关和最高学府两种性质，这句话是什么意思呢？大家可以简单理解为教育部和学校合二为一。

二是学塾发展壮大，就是私塾、家塾等兴起。我们之前学过一篇文章《从百草园到三味书屋》，"三味书屋"其实就属于私塾。

优秀的传统文化能丰富人的精神世界，给人一种向上的力量。语文是一门充满关怀与爱的学科，也承载着文化传播的重要使命，教师应不断深入挖掘教材，加大文化知识内容的讲解，并在这一过程中，推动学生思维的发展与提升以及语言表达与应用能力的提高，不断拓展学生的文化视野，提高语文素养。

观课语：

深圳市福田区外国语学校商中萍老师：本课在传统的"以言为主"的教学方法外，更注重文言、文学、文化的和谐。由"太学"这一文化点拓展开去，进行横向迁移，发展拓展性思维。通过想象激趣，既勾连了《论语》一课中孔子、颜回、宰予的故事，亲切有趣，又讲解了古代学校的发展、教学内容的演变等文言、文化知识，是学生学习文言文的有力助推，让学生在文言的世界里，感悟到传统文化的魅力。经过了这一拓展的过程，学生还积累了写作的素材，以"梦回_____（朝代）"为题进行写作，给文言文教学注入新的活力。

第二部分　语文不器：教学案例

教学误区

语文课渗透德育常用的办法，是语重心长地呼吁学生以课文中的正面人物为榜样，做品德高尚的人。很少去勾连历史、深入分析常用意象、剖析美好品德对文学的影响等。说教的德育方式很难触及学生的心灵，因此就很难产生良好的教育效果。

课堂反馈

听惯了枯燥说教的学生，在老师打算说出德育话语、做人道理时，学生的心门往往并未开启。常常是老师话刚开头，学生就已经知道老师下文要讲什么了。学生们从没有好奇心，发展到心灵麻木，最终被教育成老师们口中的"铁石心肠""毫无上进心"的"垮掉的一代"。

教学对策

语文课堂的确承担着引导学生树立正确的人生观、价值观的任务。拓展式的语文教学主张引带学生在联想、归纳、整理、思考中明辨美丑，从而热爱生命、追求美好、崇尚美德。例如，学《爱莲说》，就以莲代表的品德为出发点，通过回顾、联想，思索中国古人所追求的君子品格表现在哪些花木中，哪些诗句中。在古诗句积累的比拼中引导学生感受积累的快乐，在思索中引导学生理解中国人对比德的重视（也就是对做人的重视）。

下面两个课例是笔者这一方面的探索。第一个课例是七下教材《爱莲说》这课常规教学内容完成后的拓展课，课前让学生搜集有关诗句。第二个课例是针对八上教材《散文二篇》设计的拓展式语文课，也是一节群文阅读课，拓展阅读文章是毕淑敏的《人生本没有意义》、胡适的《人生有何意义》、食指的《热爱生命》和汪国真的《热爱生命》。

三、学《爱莲说》悟君子品行：花草树木中的美好品德

教材生长点

本课从七年级下册第四单元《爱莲说》出发，以"语文与品行"为切入点，引导学生思索中国古人所追求的君子品行在花木中的体现，感受"比德"这一传统，从而引发对个人品德的思考，让语文既植根于中国古代传统美德，即所倡导的君子品行，又能启发学生对个人修养的思考，让学生真正从语文中受益。

课文出处

予谓菊，花之隐逸者也；牡丹，花之富贵者也；莲，花之君子者也。

——七年级下册《爱莲说》

教学过程

教学内容	师生行为	教师行为意图
组织教学，导入新课	**挖掘教材，深入思考** **师：**同学们，大家好！今天我们一起来探讨"花木与君子品行"的关系。在《爱莲说》中有这样一句话："予谓菊，花之隐逸者也；牡丹，花之富贵者也；莲，花之君子者也。"这句话中提到的几种花分别代表着什么？ **生：**菊花代表着花中的隐士；牡丹是花中的富贵花；莲花代表花中的君子。 **师：**除了这几种花之外，文中还出现了几个人物，那些人物和花的对应关系又是怎样的呢？或者说哪种花可以代表哪个人？	从所学课文内容导入新内容，以旧带新，有利于学生接受新知识。

续表

教学内容	师生行为	教师行为意图
组织教学，导入新课	生：菊花代表陶渊明；牡丹代表的是世人，也就是大多数人；莲花代表的是作者。	
讲解新内容	师：回答得很准确，我们再来思考一个问题，人是具有复杂性的，一种花可以代表一个人吗？ 生1：不可以，人是多面的，可能有时候像菊花，淡泊名利，有时候牡丹，追求富贵。 生2：可以代表一个人的主要品质。 生3：可以代表一个人所追求的品质。 师：同学们回答得很好，说得都很有道理。我们可以找一个熟悉的人作为例子，具体来看一下这个问题。 对于文中提到的陶渊明，我们很早就接触过他的古诗，也了解过他的生平。谁能给大家简单介绍一下。 生1：陶渊明，又叫陶潜，号五柳先生。 生2：不为五斗米折腰。 生3：陶渊明淡泊名利，寄情田园山水，创作了大量的田园诗歌。 生4："晨兴理荒秽，带月荷锄归""草盛豆苗稀"，很勤快，但是地种得不行。 …… 师：哈哈哈，看来大家对陶渊明很了解。刚刚有同学说到"不为五斗米折腰"，那大家知道这句话是从哪里来的吗？ 这句话出自《晋书·陶潜传》，陶潜也就是陶渊明，刚刚也有同学介绍了。其实陶渊明是做过一段时间官的，不过做的是几个小官，	通过问题引发学生的思考，同时，学生在其他同学的回答中也能被激发更多的思考。 以学生较为熟悉的诗人为例，让学生自己探究答案。 教师应尽可能地为学生补充相关知识，拓宽

续表

教学内容	师生行为	教师行为意图
讲解新内容	像大家熟知的彭泽县令，那时候他的俸禄估计就是五斗米吧。后来，他自己不愿意再做官，"吾不能为五斗米折腰，拳拳事乡里小人邪"，也就是说我不能为了区区五斗米向乡里小儿卑躬屈膝。这句话中"不为五斗米折腰"现在也当作成语来使用了，表示不慕名利的人。 　　通过我们对陶渊明生平的回顾，大家对上一个问题，即"一种花可以代表一个人吗？"有没有什么新的看法？ 生：人是有变化的，陶渊明做官的时候可能也像世人一样爱的是牡丹花，后来才发现自己真正爱的是菊花。 师：同学们用了"变化"这个词，那大家看可不可以将变化换成"追求"，陶渊明追求的是一种隐逸的生活，世人追求的是一种富贵的生活，作者追求的则是一种君子的生活。 生：可以。 师：对于君子一词，我们并不陌生，在学习论语的时候，我们就探讨过君子，可以说君子是对古人，尤其是对当时的读书人的最高称赞。那大家再思考一个问题，陶渊明符合大家认知里的君子吗？ 生1：符合，淡泊名利。 生2：不畏权贵。 师：是的，陶渊明也符合我们认知里的君子。那可不可以说菊花、莲花都能够代表君子？ 生：可以。	学习内容的广度。除此，如果学生对一个诗人足够了解，对于以后相关作品的学习也会大有裨益。 问题循序渐进、由浅入深，不断引导学生深入思考。

第二部分 语文不器：教学案例

续表

教学内容	师生行为	教师行为意图
讲解新内容	**诗词比拼，扩充积累** **师**：那除了这两种花，还有什么植物能够代表君子？之前给大家留了作业，让同学们搜集相关古诗词，现在我们以小组为单位进行"诗词比拼"，除了说出古诗之外，还要说出为什么这句诗体现了君子品行，举个例子，"黄四娘家花满蹊，千朵万朵压枝低"这句虽然也是描写花的，但是该句中的"花"并不能代表君子，所以这句诗就不可以。那现在就开始吧，看看哪组同学积累的符合要求的诗词更多。 **生1**：梅花。"墙角数枝梅，凌寒独自开"，梅花不畏严寒，独自开放，就像君子一样一身傲骨，不向权贵低头。 **生2**："不经一番寒彻骨，怎得梅花扑鼻香"，也是梅花。梅花不畏严寒，具备君子品格的人也应该不怕困难。 **生3**：菊花。"采菊东篱下，悠然见南山"，这是陶渊明的诗，陶渊明特别喜欢菊花，远离尘世，追求内心的一种宁静。 **生4**："不是花中偏爱菊，此花开尽更无花"，也是菊，和梅花一样，不畏严霜，凌寒开放。 **生5**："宁可食无肉，不可居无竹"，这是苏轼的诗，他非常喜爱竹子。竹子也是文人雅士非常喜爱的一种植物，代表气节。 **生6**：松树，四季常青，永远像战士一样守卫着祖国的河山。"要知松高洁，待到雪化时。"	语文的学习需要积累，语文课堂则应是学生语文素养、语文积累展示的一个平台，所以这里即使不同的诗句说的都是同一种花，也应予以鼓励。 适时引导、提示，拓宽学生的思路，激发学生更多的思考。

续表

教学内容	师生行为	教师行为意图
讲解 新内容	生7：荷花。"出淤泥而不染，濯清涟而不妖。" 生8：水芙蓉。"清水出芙蓉，天然去雕饰。" …… 师：根据统计结果，第五组同学获胜，下课后可以来领取小奖品。 有同学提到了荷花、水芙蓉，其实包括莲花以及李清照词里的"误入藕花深处"中的"藕花"实际上都是指的荷花。 看来大家的诗词储备很丰富，也从另一个方面说明了我国古代文人创作了大量的诗歌来表达对花木的喜爱，或者说来表达对这些被赋予了某种品质的花木的赞赏之情，以此借花木抒发自己的情感、追求或者志向。 上述回答是大家从古诗词中寻找的能代表君子的花木，现在我们不拘泥于古诗词，试试从成语、谚语、俗语中去寻找，也可以没有任何出处，只要能说出植物名称并陈述理由即可。 目前大家提到的有梅花、菊花、荷花、竹子、松柏，大家再想想还有其他的吗？ 生1：兰花，蕙质兰心、空谷幽兰，兰花给人一种高洁的感觉。 生2：兰花中有个品种就是君子兰。 生3：莲生水中，不扶自直。 生4："莲花开在污泥中，人才出在贫寒家。"这是一句谚语，前半句和"出淤泥而不染"是一个意思，后半句有"寒门出贵子，穷人的孩子早当家"的意思。	帮助学生进行简单的归纳总结，有利于学生之后的学习。 自然而然地引出文学常识，增加学生的积累。

第二部分 语文不器：教学案例

续表

教学内容	师生行为	教师行为意图
讲解新知识	**师**：大家又补充了兰花，不过需要说明的是君子兰不属于兰花哦。其实最后归结下来主要集中在梅兰竹菊，就是我们常说的"花中四君子"，以及松树和柏树。 其实，松、竹、梅也有一个总称，就是"岁寒三友"，可以说"花中四君子"和"岁寒三友"是君子品行的代表植物，深受文人雅士的喜爱。	
思考探究	**批判思考，理性思辨** **师**：同学们再来思考一个问题，平平常常的竹子、梅花、菊花等植物为什么就可以代表虚心、正直、高洁、淡泊名利等品质呢？ **生1**：因为人们喜欢这些植物，所以赋予了它们这些品质。 **生2**：因为文人墨客们具有这些品质，所以他们看植物也有这些品质。 **师**：哈哈哈，这是从苏轼与佛印的故事中得到的启发吗？还有同学有别的思考吗？ **生3**：有的成语或者诗句描写花木具有一种好的品质，有的则代表不好的一面，比如说"残花败柳""水性杨花""榆木疙瘩"。 **生4**：同一种植物在不同的情况下可能代表不同的情感，比如说柳树，"残花败柳"是贬义，但是"灞桥折柳"中的柳树就有送别之义。 …… **师**：同学们思考的角度越来越独特，越来越全面了，这一点是非常值得肯定的，希望大家能够继续保持下去？	引发学生更深入地思考，增加学习内容的深度。 鼓励学生能有自己的思考，更鼓励学生能从不同的角度去思考问题。

续表

教学内容	师生行为	教师行为意图
思考探究	的确，有的植物被赋予了好的品行，有的则是不好的，正如人的品行有优劣之分，投射到植物上也是一样的。 　　回到最初的问题，自然界的花草树木按照自然规律，随着季节更迭生长、变化，却能够代表人的品行，为什么呢？或者说为什么植物就能和人的品行挂钩呢？ 　　生：因为中国人重视品德修养，所以花草树木自然而然地被赋予某种品质。 　　师：非常好，就是因为中国人重视道德修养，具有比德的传统，所以花木常常被人赋予某一种品质、情感，以此来表达自己的追求、志向。 　　生：老师，能再解释一下"比德"吗？ 　　师："比德"就是说人们喜欢将美好的道德品质与自然界的事物，包括花草树木、虫鱼鸟兽的品性相联系，很多诗词、绘画作品里的花木都被赋予了人的道德品质，这也是中国人从古至今重视品德、道德而形成的一种审美传统。 　　同学们现在理解了吗？ 　　生：理解。 　　师：刚刚我们一起探究了为什么花木能够代表君子品行，那我们现在以小组为单位再一起讨论一下如果让你选择一种花木来代表你自己，你会选择哪种花木呢？ 　　生1：我选择竹子，一节一节地长，我也在不断地成长，每个阶段都像竹子的那一小节，另外，我觉得自己是一个特别正直的人。	对于一些概念性较强的词语，学生可能无法理解，教师一定要及时解释。 让同学们选择能够代表自己的植物，关注学生的内心世界。

续表

教学内容	师生行为	教师行为意图
思考探究	生2：我觉得我是一株含羞草，因为我特别害羞。 生3：我觉得我是仙人掌，特别好养活，父母工作很忙，我也很独立，可以自己照顾自己。 生4：我觉得我是一株小草，很普通，但是生命力很强。 …… 师：同学们的回答很丰富，如果你们每个人真的是一株植物，那我们的教室就是"百草园"。无论同学们是从品德出发还是从特点出发去选择代表你的植物都可以，但不管是什么植物，老师都希望你们能够茁壮成长。	
课堂小结	中国人重视道德修养，有"修身齐家治国平天下"的志向，今天我们也可以把它当作一种阶梯式的目标，在古人的认知里，只有"身修"才能实现之后的"家齐""国治"，最终达到"天下平"。因此，古人看重一切美好的个人品德，而这些美好品德又都包含于君子品行之中，可以说君子品行是一切美好品德的集中体现。因此，"爱莲说"也并非是说作者多么喜爱莲花，而是作者追求莲花所代表的君子品行。 现在，我们常说先学做人再做学问，提倡将立德树人作为教育的根本任务，这些都和我们从古至今重视品德、倡导君子品行的传统密切相关。	实现古与今、书本与现实之间的联系，让学生感悟中国文化、中国精神的一脉相承、与时俱进，加强对文化的理解与传承，继而加强文化自信与民族自豪感。

续表

教学内容	师生行为	教师行为意图
课后作业	**作业练笔，巩固提升** 　　本节课我们一起探讨了"花木与君子品行"的关系，从花木中去感悟中国人所追求的美好道德品质。同学们更是以独特的思考角度讨论了花木中蕴含的一些不好的品行，即劝诫世人不要如此。 　　课堂时间有限，很多问题可能无法深入思考，那同学们就以"花木与人"为话题写一篇小随笔，既可以是某一具体人物与具体花木，如陶渊明与菊花、李白与莲花等，也可以是对花木与人物的一个总论，无关乎具体人物，只是谈谈在你看来花木与人物的一个关系。 　　另外，如果有同学想写花木与具体人物，这里的人物不要求一定是君子，不是君子也可以，只谈他卑劣的一面也可以。当然我们的随笔里的人物也不拘泥于古代，古今人物，包括我们身边的人都可以，你觉得他具备什么特点，像什么植物都可以写一写。	作业依然是从"大语文"教学和学生语文核心素养的培养出发。 　　将课堂内容作为一扇打开学生思维的窗户，让学生从课堂讨论的内容出发，进行更多的思考，促进学生思维能力的发展。 　　以随笔这种较为自由的形式呈现，可以让学生充分表达自己内心的真实想法。同时，作为书面作业，学生需要字斟句酌，这也能促进学生语言建构与运用能力的提升。

第二部分　语文不器：教学案例

深入挖掘教材，提升语文核心素养

教材是教师"教"和学生"学"的重要依据，专家学者精心编排的教材内容对学生加强语文基础知识的认识，促进语文核心素养的提升具有重要作用。语文是一门广博的学科，涵盖诗词、小说、传记、新闻等各类知识，但只要深入挖掘教材内容，会发现语文更是一门深奥的学科。

本课从七年级下册《爱莲说》出发，通过引导学生探究花木中所蕴含的君子品德并探究为什么花草树木可以代表这些品德，从而引发学生对个人品德的思考，培养学生的语文核心素养。

1. 挖掘教材，深入思考

《爱莲说》短小隽永，文章列举了三种花及它们分别代表的三类不同的人，对于花和人的对应关系，学生根据课文的内容很容易掌握。但语文的学习不能只停留于表面，知道了哪种花代表哪类人，教师还应引导学生挖掘教材，深入思考，共同探究为什么这些花木可以代表这些人呢。不断拓展语文学习的广度和深度，这也是"大语文"教学理念在具体教学中的体现。

2. 诗词比拼，扩充积累

语文的学习是水滴石穿、不断积累的过程，教师在帮助学生增加语文知识储备的同时，也应积极为学生提供展示的平台。花木能够代表君子的品行，这在古诗词中多有体现，在课堂上开展与本课内容密切相关的"诗词比拼"活动，有利于营造紧张、积极的课堂氛围，既充满了趣味性，又能够进一步增加学生的诗词储备量。

3. 批判思考，理性思辨

事物是矛盾统一的，由于中国人自古以来重视道德修养，具有"比德"的传统，因此，对很多花木给予了美好品德的寄托。同样，也有一些花木代表着不被人们认可的特性，如"墙头草""残花败柳"等，这就要求教师能够引导学生批判、全面地思考，在平时的教学中培养学生的理性思辨能力。

4. 作业练笔，巩固提升

经过课堂上各个环节的学习和探讨，学生对本节课所学内容已经有了一个较为深刻的认识。此时，教师应该趁热打铁，利用作业进一步巩固和提升。本节课的作业是以"花木与人"为话题写一篇小随笔，该作业是对课堂内容的简单总结，让学生以书面表达的形式有条理地呈现课堂上的探讨，能促进学生语言建构与运用能力的提升。同时，又是对课堂的拓展延伸，从课上到课下，学生在作业完成的过程中可以继续进行更深入地思考，这也有利于促进学生思维能力的发展。

教材是教师教学的重要依据，深入挖掘教材，延伸教学内容的宽度，增加教学内容的深度，在教学中不断推动学生思维能力的发展与提升，提高学生口头和书面的表达能力，从而促进学生语文核心素养的形成。

>> 观课语：

辽宁省营口市第二十九中学张彬彬老师：此课最大的看点便是教师对于学生思维的激发。其一为横向的联结。教师通过诗词比拼活动引导学生从《爱莲说》中的菊花、莲花延伸到生活中其他与君子品行相关的植物，在诗词、成语、谚语、俗语等文字中感受何物可如君。由物及古人，又由古人及自身，多向联结，层层深入。其二是纵向的挖掘。既要知物有君子品性，又要知其理由；既要知物性近人情，又当知物性非唯一，见之尤深。花木有品性，君子可"比德"。

四、学《散文二篇》感生命意义：我为什么活着

教材生长点

本课从八年级上册第四单元《散文二篇》(《永久的生命》《我为什么而活着》)出发，以"语文与生命教育"为切入点，引导学生思索生命的意义，感悟个体生命的短暂性与人类生命的永久性，引导学生将个人梦想与国家、民族、社会相联系。

课文出处

我们应该看到生命自身的神奇，生命流动着，永远不朽。

——八年级上册《永久的生命》

对爱情的渴望，对知识的追求，对人类苦难不可遏制的同情，这三种纯洁而无比强烈的感情支配着我的一生。

——八年级上册《我为什么而活着》

教学过程

教学内容	师生行为	教师行为意图
组织教学，导入新课	**师**：同学们，大家好！之前我们学习了两篇散文《永久的生命》和《我为什么而活着》，"生命"可以说是一个永恒的话题，对于生命的探索，对于人生意义的探索永不过时。 今天，让我们在课堂上畅所欲言，谈谈你对生命、人生的思考和感悟。	开门见山，直接点明本课的主题以及课堂主要内容。

续表

教学内容	师生行为	教师行为意图
讲解新内容	**回顾课文，导入新课** 师：我们就从其中一篇散文的标题入手，"我为什么而活着"？哪位同学还能回忆起作者的答案？ 生：课文第一句：对爱情的渴望，对知识的追求，对人类苦难不可遏制的同情，这三种纯洁而无比强烈的感情支配着我的一生。 师：是的，回答得很准确。那老师想问大家一个问题：你为什么而活着？ 生1：生命是很美好的，可能是为了享受生命的过程吧。 生2：周总理说为中华之崛起而读书，我可能也是为了民族复兴而活着。 生3：我也不知道为什么，我出生了，然后我活着，就一直活着。 生4：从我爷爷到我爸爸，再从我爸爸到我，我觉得生命是一种传承和延续。 生5：我也不知道我为什么活着，有时候很开心，有时候也会有烦恼吧，不过人们总说：好死不如赖活着，活着应该挺好的。 生6：生命只有一次，无论如何，我们要珍惜生命。 …… **课外阅读，扩充知识** 师：同学们都说出了自己的答案，有的同学有自己非常清晰的认识，有的同学对于这个问题目前还没有答案。 之前老师给大家推荐过一篇文章，毕淑敏的《人生本没有意义》，大家应该都读了吧？	从课文内容出发提出问题，既是对课文的回顾，相对简单的问题也有利于调动学生思考的积极性，集中学生的注意力。 语文的学习不应只局限于课本，还需要大量课外阅读材料的辅助，真正实现"大语文"教学。

续表

教学内容	师生行为	教师行为意图
讲解新内容	可以发现不光是中学生，大学生也在探寻生命的意义，甚至有的人终其一生也没办法回答这个问题。 　　文章里写到作家毕淑敏收到一张纸条，上面写着：人生有什么意义？请务必说真话，因为我们已经听过太多言不由衷的"假话"了。 　　有没有同学记得毕淑敏的回答是什么？ 　　**生1**：人生是没有任何意义的！ 　　**生2**：人生没有意义，但每个人要为自己确立一个意义。 　　**师**：很好，看来认真读了文章。毕淑敏说人生没有意义，要为自己确立一个意义。胡适对于这个问题也写过一篇文章叫作《人生有何意义》，同学们在课下有没有去阅读呢？胡适说："生命本身不过是一件生物学的事实，有什么意义可说？一个人与一只猫、一只狗，有什么分别？生命本没有意义，你要能给它什么意义，它就有什么意义。" 　　可以说他们的回答异曲同工，生命本没有意义，我们需要给它确立一个意义。 　　同学们可以以小组为单位，简单谈谈你为自己的生命确立的意义。 　　**生1**：我想当一名作家，我觉得我生命的意义就是实现自己的梦想，写自己的故事也写别人的故事，让人物在我的笔下有一个灿烂的人生。 　　**生2**：活在当下，不辜负美食、美景，好好学习。	和学生有一个简单的互动，既是对所留作业的一个检查，也有利于推动课堂教学的顺利进行。 将语文和课外阅读关联，拓宽学习内容的广度，让学生对问题能够有更多的思考和认识。

续表

教学内容	师生行为	教师行为意图
讲解 新内容	生3：生命很短暂，要在有限的生命里看更多的风景，体验不同的生活，不断拓宽生命的宽度。 生4：好男儿志在四方，我觉得一定要敢想、敢闯、敢拼，这样才不会有遗憾。 …… **欣赏诗歌，感受美** 师：同学们的回答都很精彩。现在我们一起来欣赏一首诗，看大家有没有新的思考。 人生 鲍尔吉·原野 从自己的哭声开始， 在别人的泪水里结束， 这中间的时光， 就叫作幸福。 人活着， 当哭则哭， 声音不悲不苦， 为国为民啼出血路。 人死了，让别人撒下诚实的眼泪， 数一数，那是人生价值的珍珠。 生1：在关注自身的同时，还要有一颗奉献的心。 生2：我觉得人活一生，谈生命的意义不能只看自己，还要为社会、为国家做出贡献，这样的人生才更有意义。 生3：能让别人认可你，让别人觉得你这一生是有意义的，可能才是真的有意义。	用一首小诗启发引导学生，使学生对生命的思考不局限于个人，而是能够将个人价值与社会价值、个人命运与国家民族的命运联系起来。

第二部分 语文不器:教学案例

续表

教学内容	师生行为	教师行为意图
讲解新内容	…… **师**:同学们在谈生命的意义时,提到了自己,也提到了国家、社会、民族,其实个人命运和整个时代是息息相关的,太多文学作品说明了这个问题,不说课外,单从语文课本上说就能找出很多。《老王》里提到的"五七干校",杨绛和他的丈夫也就是一代文豪钱钟书先生为什么要去;鲁迅笔下的孔乙己又为什么那么在乎"茴"有几种写法;余光中先生的乡愁为何又是一湾浅浅的海峡……这都和时代密不可分。 个人发展与时代、国家、民族的发展从来不是割裂的,而是统一的、密切相关的,也希望大家能够将个人梦想与民族梦想结合起来。	以所学课文作为例证,熟悉的内容更有利于引发学生的情感共鸣。 语文教学从来不只是文化知识的学习,还承担着人的培养这一重要使命。
思考探究	**思考探究,增加深度** **师**:刚刚我们探讨了个体生命的意义,现在我们将目光放在人类生命上,我们学的第一篇散文是《永久的生命》,个体生命是有限的,迄今为止没有人能够实现永生。 现在,同学们可以结合课文来谈谈你对"永久的生命"或者"生命的永久性"的看法。 **生1**:个体生命的消逝,不代表生命的消亡,就像儿子的生命是对爸爸生命的延续。 **生2**:课文中说生命"是一个不懂疲倦的旅客,总是只暂时在哪一个个体内住一会儿,便又离开前去"。所以即使是个体生命结束了,但生命本身永远不会结束。	从个体生命上升到人类生命,提高思考的高度,加深思考的深度,培养学生的"大胸怀""大志向"。

续表

教学内容	师生行为	教师行为意图
思考探究	生3：人类的生命和其他许多生命一样，生生不息。 …… 师：是的，我们应该看到生命自身的神奇，生命流动着，永远不朽。我们可能都是这永久生命中的一环，但我相信我们都是重要的一环，每一个个体生命都是重要的一环。一代代、一辈辈，所有的个体生命共同构成了永久的生命。我们今天的生活方式、生存环境，甚至我们的长相、言行举止都有之前生命所留下的痕迹，我们也必将会对之后的生命产生影响。对此，同学们有什么想说的吗？ 生1：为了生命的永久性，我们要节约资源，也要为子孙后代留一些资源。 生2：还要保护环境，让后代也能拥有一个好的生存环境。 生3：将皮影、京剧等传承下去，生命具有永久性的同时，让这些艺术也具有永久性。 生4：当医生，救更多的人，让个体生命的更迭速度慢一点。 生5：锻炼身体，活久一点，在永久的生命里待得久一点。不过，我知道个体生命是有限的，之前在"学雷锋月"的时候有这样一句话，"我要将有限的生命投入到无限的为人民服务中去"，我觉得我们也应该尽己所能为人民、社会、国家乃至整个人类做一些事情。	通过问题的引导与情境的创设自然而然地培养学生的社会责任感。

续表

教学内容	师生行为	教师行为意图
思考探究	**生6**：现在说构建人类命运共同体，其实从生命的永久性来看，人类的命运本来就是一个共同体，所以我希望各个国家、民族和平相处，真的能实现世界和平。 …… **师**：从同学们的回答中我感受到了生命的永久性，更看到了大家为了生命的永久而表现出的社会责任感。 生命充满了希望，在要凋谢的花朵里永存，不断给世界以色彩，不断给生命以芬芳。生命本身是永久的，每个个体生命看似会消亡，实则也会以某种方式在永久的生命里永存。	
课堂小结	生命到底有什么意义，我又为什么而活着可能需要我们用一生去探寻，个体生命的短暂性与生命本身的永久性可能也需要我们用一生去领悟。但无论如何请热爱生命，我们以两首诗来结束本节课。 分别是食指的《热爱生命》和汪国真的《热爱生命》，同学们一起来读一下。 **热爱生命** 食指 也许我瘦弱的身躯像攀附的葛藤， 把握不住自己命运的前程， 那请在凄风苦雨中听我的声音， 仍在反复地低语：热爱生命。 也许经过人生激烈地搏斗后， 我死得比那湖水还要平静。 那请去墓地寻找我的碑文，	"生命到底有什么意义"是一个永恒的话题，从古至今从来不缺少对这一话题的思考。 以两首与"生命"有关的优美的现代诗歌结束本课，既是为了让学生感受其他人对生命的思考，也能提升学生的审美鉴赏能力，激发学生的创造力。

续表

教学内容	师生行为	教师行为意图
课堂小结	上面仍会刻着：热爱生命。 我下决心：用痛苦来做砝码， 我有信心：以人生作为天平， 我要称出一个人生命的价值， 要后代以我为榜样：热爱生命。 的确，我十分珍惜属于我的 那条弯弯曲曲的荒草野径， 正是通过这条曲折的小路， 我才认识到如此艰辛的人生。 我流浪儿般地赤着双脚走来， 深感到途程上顽石棱角的坚硬， 再加上那一丛丛拦路的荆棘， 使我每一步都留下一道血痕。 我乞丐似的光着脊背走去， 深知道冬天风雪中的饥饿寒冷， 和夏天毒日头烈火一般的灼热， 这使我百倍地珍惜每一丝温情。 但我有着向命运挑战的个性， 虽是屡经挫败，我决不轻从。 我能顽强地活着，活到现在， 就在于：相信未来，热爱生命。 **热爱生命** 汪国真 我不去想是否能够成功	

续表

教学内容	师生行为	教师行为意图
课堂小结	既然选择了远方 便只顾风雨兼程 我不去想能否赢得爱情 既然钟情于玫瑰 就勇敢地吐露真诚 我不去想身后会不会袭来寒风冷雨 既然目标是地平线 留给世界的只能是背影 我不去想未来是平坦还是泥泞 只要热爱生命 一切，都在意料之中	
课后作业	课堂时间有限，很多问题可能无法深入思考，那我们今天的作业就以"探寻生命的意义"为话题，体裁不限，可以是诗歌、散文，也可以是读后感、观后感等，选择与"生命"有关的文学作品、影视作品，只要是其中的某一情节，哪怕是某一句话能够引发你对生命的思考都可以以此来写一篇读后感、观后感。	作业依然是从"大语文"教学和学生语文核心素养的培养出发。 本次作业既可以是学生的自我创作，也可以是学生读文学作品或者观看影视作品的感悟，以此激发学生对生命的更多思考，促进思维的发展与提升。书面表达也能促进学生语言建构与运用能力的提升。

语文不器：拓展的语文教学

构建问题情境，探究生命意义

学生的态度、情感以及价值观是语文核心素养的重要内涵之一，语文教学也应该重视这方面的培养。本课从八年级上册《散文二篇》(《永久的生命》《我为什么而活着》) 出发，引导学生思索"生命""人生"的意义，从而实现语文与现实生活之间的横向联系，更好地达成语文教学三维目标中的"情感态度与价值观"这一目标，让学生真正从语文中受益。

"为了保证语文教学工作的顺利开展，语文教师要结合当前的实际情况，注重为学生创设科学合理的问题情境，使学生在特定的情境中进行讨论、思考，激发学生的发散思维，同时要保证学生对问题情境进行深入研究，不仅可有效提高学生对知识的理解和掌握，还能提高学生的创新思维能力。"[①] 本节课就是在各个环节中积极为学生构建问题情境，引导学生探寻生命的意义。

1. 回顾课文，导入新课

根据所学课文内容提出问题，引导学生回顾课文。最开始的问题相对简单，有利于调动学生思考的积极性、集中学生的注意力，接着，提出相关问题："你为什么而活着？"问题由浅入深，循序渐进，引导学生进行更深入地思考。

2. 课外阅读，扩充知识

从古至今，很多人对人生和生命都有过探索，课前让同学们阅读毕淑敏的《人生本没有意义》以及胡适的《人生有何意义》这两篇文章，将教学与课外阅读材料相关联，不断扩充学生的知识面。在课上以问题的形式带领学生们回顾文章以及分享自己的阅读感受，以期在这一过程中激发学

---

① 田振华. 初中语文核心素养及其培养策略［J］. 天津教育，2020（10）：149–150.

生更多的思考，促进学生思维能力的发展与提升。

3. 欣赏诗歌，感受美

本节课中问题的设置逐渐深入，前两个环节主要引导学生回答"你为什么而活着"以及"人生有什么意义"这两个问题，而这个环节则主要是通过《人生》这首诗歌带领学生探究"人生要确立什么意义"这个问题。

在诗歌教学中渗透美育教学，既是"诗歌教学的必然需求，同时也是学生终身学习、发展的重要教育战略需求，只有这样学生才能体会美、感受美，并且理解美的真正含义"①。除了这一环节的诗歌之外，最后以食指和汪国真创作的《热爱生命》两首诗歌来结束本课的学习，希望学生能够在诗歌的学习中感受美、品味美，从而提高审美鉴赏力和创造力。

4. 思考探究，增加深度

对于问题的探讨不应只停留于表面，而是应该进行更深入地思考与探究，这样更有利于促进学生思维能力的发展与提升。可以说，这一环节是对上个问题"人生要确立什么意义"的深入思考，引导学生从对"个体生命"的关注上升到人类生命，提高思考的高度，加深思考的深度，培养学生的社会责任感和使命感，让学生有"大胸怀""大志向"。

"精神助产术"是苏格拉底的重要教育理念之一，强调以独特的教导方式启迪人们对问题的思考，即用发问与回答的形式，使问题的讨论逐步深入，从而获得知识。好的问题能够激发学生的思考，让学生在思考回答中收获知识，因此，教师需要积极构建问题情境，引导学生在问题中探索知识、寻求答案。

>> 观课语：

广东中山纪念中学袁海锋老师：本课抓住"大语文"的学科素养目

---

① 陆妍.高中语文核心素养的内涵及培养方法初探[J].课外语文，2019（19）：164.

标，引导学生联系现实生活展开对生命的思索。课堂设计出发点踏实，问题导向明确，有启发性。课堂信息量丰富，除教材两篇课文外，还联系了课外文学作品进行拓展阅读，对学生的阅读广度和深度提出了阶段性要求。

两篇文章开展的"群文阅读"很好，由《永久的生命》一文看生命的短暂性和永久性特征，再以此为教学支架，思考生命的意义，即"我为什么而活着"，联结教材内容，深度思考人生意义，由此在"情感态度与价值观"目标维度中实现教学目标。

第二部分　语文不器：教学案例

教学误区

对于课文中蕴含的哲理、思想、情感的解读形式单一，往往就单篇解读，偶有勾连其他文章，但常常不深入。缺少对学生主动思考的引导，缺少思维拓展，缺少联系生活，缺少活跃学生思维的多种形式。

课堂反馈

初中学生参与课堂讨论的积极性越来越低，思路越来越僵化。遇到思考题，就坐等老师公布答案，然后死记硬背。学习和生活是两张皮，背诵和理解没有合一。背起课文传达的思想、情感可以准确无误，但自己的精神世界却依然苍白。

教学对策

语文课可以多勾连，勾连群文、勾连电影、勾连时政……课堂活动形式也可以多样，演讲、朗诵、讨论、采访、辩论、无领导论坛、课本剧等形式都可以使用。总之，让语文课灵动起来，学生的思维才会活跃起来。

下面两个课例是这方面的探索。在学八下第六单元《〈庄子〉二则》时勾连电影《大鱼海棠》，勾连时文《坐在路边鼓掌的人》。学九上第一单元《乡愁》时勾连"乡愁"诗多首。在学《〈庄子〉二则》时，以"我想做大鱼还是小鱼"展开课堂讨论，以"我是一条鱼"布置演讲作业。学《乡愁》时分组自主朗诵，并进行课后采访。

五、学《〈庄子〉二则》思为人处世：做"大鱼"还是"小鱼"

教材生长点

本课从八年级下册第六单元《〈庄子〉二则》(《北冥有鱼》《庄子与惠子游于濠梁之上》)出发，引导学生感悟庄子的哲学思想，从而引发对生活、人生的思考，从"大鱼""小鱼"中有所感悟，对"英雄"和"路边鼓掌的人"有正确的认识。

课文出处

1. 大鱼

北冥有鱼，其名为鲲。

——八年级下册《北冥有鱼》

2. 小鱼

庄子曰："鲦鱼出游从容，是鱼之乐也。"惠子曰："子非鱼，安知鱼之乐？"

——八年级下册《庄子与惠子游于濠梁之上》

教学过程

教学内容	师生行为	教师行为意图
组织教学，导入新课	**电影导入，增强趣味** 师：同学们，大家好！我们刚刚学完了《〈庄子〉二则》，也就是《北冥有鱼》和《庄子与惠子游于濠梁之上》这两则小故事，也让大家利用课余时间观看了电影《大鱼海棠》，那谁能先用自己的话概括地说一下这两则故事具体讲了什么？	通过复习课文的方式导入新内容。

第二部分　语文不器：教学案例

续表

教学内容	师生行为	教师行为意图
组织教学，导入新课	生1：《北冥有鱼》讲了北海有一条鱼叫鲲，它能变成鹏飞到南海。《庄子与惠子游于濠梁之上》讲了庄子和惠子就鱼到底快不快乐进行辩论的故事。 生2：第一则故事讲了大鱼的故事，电影里椿养的那条鱼就叫鲲。 师：那同学们有没有发现《大鱼海棠》这部电影的灵感来源于？ 生：《北冥有鱼》。（齐声说） 师：是的，确切地说是来自《逍遥游》，上节课我们讲过《北冥有鱼》的故事就是《逍遥游》的一个节选。那如果说《北冥有鱼》是关于大鱼的故事，第二则可以说是？ 生1：关于小鱼的故事。 生2：两个老头辩论的故事。 师：哈哈哈，的确就是大鱼和小鱼的故事。那老师可不可以这样说：《〈庄子〉二则》就是讲了两条鱼的故事？ 生1：可以。 生2：老师，濠水里有好多条小鱼。 生3：那鲲也未必只有一条。 师：那大家就把老师说的两条鱼理解为两类鱼。	将语文与电影关联，让课文内容不再是印刷体小字，而能以更鲜活、生动的方式呈现。同时，不断激发学生的想象力和创造力。
讲解新内容	**故事引导，激活思维** 师：如果说鲲为大鱼，那么鲦鱼就是小鱼，两条鱼虽然都是出自庄子笔下，但是生活环境、境遇完全不同，自然也会给人带来不同的思考。	

续表

教学内容	师生行为	教师行为意图
讲解新内容	本节课，我们从大鱼、小鱼出发，一起来探究一下，看看能从中获得什么启示。 现在，以小组为单位，通过讨论的方式来谈谈这两条鱼对你有什么启发，可以是其中的一条鱼，也可以同时谈这两条鱼，或者大家将这两条鱼对应到人生的不同阶段也可以。 生1：老师，我选择鲦鱼，我就想做一条快乐的小鱼，不需要像鲲那么强大，每天自由自在地生活，我觉得快乐就好。 生2：子非鱼，安知鱼之乐？ 师：哈哈哈，又陷入了庄子与惠子的辩论中。那这里老师再给大家讲一个故事吧。 苏轼，北宋著名的词人，大家应该不陌生，毕竟我们很早就接触过他的作品了。他有一个好朋友叫佛印，是当时有名的高僧。有一天，苏轼和佛印一起坐禅，苏轼问佛印："大师，你看我的样子如何？"佛印说："居士在我看来就像我佛如来。"回答完后，佛印也问了苏轼同样的问题："居士，看我如何？"苏轼听完，答道："我看你，像一堆牛屎。"佛印听完，置之一笑，并没有生气，东坡觉得很得意。 如果把这看成一次辩论或者是一次斗嘴，大家觉得谁赢了？ 生1：我觉得苏轼赢了，如果是斗嘴，最后使别人闭嘴的那个就算赢，所以东坡很得意。 生2：我觉得佛印赢了，古人都讲究君子之行，感觉东坡很没有礼貌，不符合君子的言行要求。	将说理寓于故事之中，让学生在故事中自己去感悟其中蕴含的哲理。

续表

教学内容	师生行为	教师行为意图
讲解新内容	生3：我也觉得佛印赢了，佛印置之一笑，感觉不想和东坡计较，此时无声胜有声，争吵止于智者。 …… 师：大家都给出了自己的判断。东坡回家后把这件事告诉了自己的妹妹——苏小妹，他的妹妹听后说："哥，你输了，一个人心里有佛，看什么都是佛；一个人心里装着牛屎，看什么都会是牛屎。" **开放审视，多元解读** 师：故事讲完了，同学们可以结合这个故事再来谈谈濠梁下的小鱼对自己有哪些启发。 生1：只要一个人内心足够快乐，他看什么东西都是快乐的。 生2：老师，我就是觉得惠子说得比较对，毕竟不是鱼确实不知道鱼的想法。 师：是的，惠子说得没有错，从某种角度来看，庄子的辩论像是诡辩。不过，我们这节课不讲对错，毕竟如果说惠子的陈述符合事实，那庄子也确实从心出发，感受到了物外之趣。大家谈谈自己从中受到的启发或者感悟就可以了。 生：对于快乐是这样，我觉得对于美也是，世界上并不缺少美，缺少的是发现美的眼睛。 师：很好，无论对待人还是物，我们用欣赏的眼光去看待，你可能就会发现一个不一样的世界。	语文课堂中很多问题没有标准答案或唯一答案，可以鼓励学生多思考、多发言。

续表

教学内容	师生行为	教师行为意图
讲解新内容	大家谈了小鱼，也谈谈大鱼，毕竟鲲如此强大，可游于北海，又可化为鹏鸟，翱翔于九天之上，想必也能给大家很多启发。 生1：人应该不断地让自己变得强大，像鲲鹏一样，飞得越高看到的世界越广阔。 生2：只有自己足够强大，才能有更多的选择，大鱼既可以选择在水里游，也可以化为鹏鸟在天上飞；既可以住在北海，也可以住在南海。 生3：鲲虽然强大，可以变成鹏，但是飞往南海时也必须借风而行，这告诉我们，一个人不管多么强大，也要有所依靠。 生4：我觉得大鱼和小鱼就是人生的不同阶段。小时候，我们是濠梁下的鱼，在父母的庇护下无忧无虑地生活，长大后经过不断地努力成了北冥之鱼，做一条既可以游于北海，又能化为鹏鸟，飞往南海的强大的鱼。从小鱼成长为大鱼的过程，正是我们挥洒汗水，追求梦想，实现梦想的过程。 生5：我也觉得这大鱼和小鱼可以代表人生的不同阶段，和上一位同学一样，我们从一条小鱼长成鲲，再变成鹏，但是经历过人事繁华，历尽沧桑，实现自己的梦想之后，可能还是会选择像小鱼一样快乐地生活，以一种悠闲的生活方式度过人生的最后时光。就像很多人最开始的时候一无所有，不断奋斗后家财万贯，年老的时候遛鸟、打牌，从容快乐地生活。	

续表

教学内容	师生行为	教师行为意图
讲解新内容	**生6**：鲲已经非常强大了，但是依然很努力，化为鹏，奋起而飞，我觉得自己要更加努力。 …… **师**：同学们说了很多自己的想法，对老师也有诸多启发。	
思考探究	**注重情感教学，形成正确价值导向** **师**：我突然想到了一个故事，可能有的同学也读过，叫作《坐在路边鼓掌的人》。这个故事是刘继荣写的，没读过的同学可以在课下读一读。 故事最后有一句格言让我印象深刻，大概就是：当英雄路过的时候，总有人在路边鼓掌。 刚刚有同学说自己想成为大鱼，成为强大的鲲，也有同学说自己就想做一条无忧无虑的小鱼。我们粗略地将大鱼看作英雄，小鱼看作路边鼓掌的人，如果再让大家重新选择，同学们会选择什么呢？ **生1**：我还是会选择小鱼，就是路边鼓掌的人，无论是成为鲲、鹏，还是英雄，都需要经历很多，不断地克服各种困难，而且能成为英雄的毕竟是少数，除了鲜花和掌声，我觉得更多的是汗水、辛劳，所以我愿意做一条小鱼，做一个在路边鼓掌的人。 **生2**：不想当将军的士兵不是好士兵，鲲化为鹏鸟之后看到的风景，是鲦鱼永远无法看到的，所以我还是会选择当英雄。	通过合作、探究的方式让学生自由地表达观点、抒发感悟。同时，营造良好的讨论氛围，让大家能够各抒己见，让学生从别人的回答中不断激发新的思考，促进学生思维的发展与提升。

续表

教学内容	师生行为	教师行为意图
思考探究	生3：我也选择当一条大鱼，欲戴王冠，必承其重，要想当英雄，要想变得强大，不吃点苦怎么行。 生4：成为英雄会获得鲜花和掌声，但是更重要的是获得鲜花、掌声之外的东西，比如说个人的成长，对社会可以做出更多的贡献。 生5：虽然我现在是一条小鱼，什么也没有，但我还是想成为一条大鱼，并不是说我有多么渴望鲜花和掌声，我只是想通过自己不断地努力，成为更好、更强大的自己。 …… 师：听到大家的回答，老师很欣慰，少年强则国强，同学们真的是小小少年，胸怀大志。 大家再来想一想，大鱼和小鱼，英雄和路边鼓掌的人有明确的界定吗？ 我们看新闻报道会有很多无名英雄，包括感动中国十大人物，比起我们认知里的英雄，他们更像是路边鼓掌的人，比起大鱼，他们更像是生活里的小鱼，甚至不是一条悠闲的鱼。 对此，同学们有没有新的想法？ 生1：我觉得大多数人都是一条小鱼吧，而且小鱼有小鱼的烦恼，大人们觉得工作辛苦，说我们学生很轻松，只要努力学习就好，其实我们也有很多压力。 生2：对，大人羡慕我们需要钱了有人给，饿了有人做饭，我还羡慕他们不用写作业，不用考试呢。	学生自己思考得出的道理可能对于学生的生活更具指导意义。 教师要注意引导，对于问题的探讨不应只停留在表面，更要探究其内在，引发学生更深层次的思考。

第二部分　语文不器：教学案例

续表

教学内容	师生行为	教师行为意图
思考探究	生3：可以自己做决定。 …… 师：哈哈哈，课堂变成了倒苦水的地方，老师知道大家也很辛苦，现在学生也不容易。不过，大家知道自己最让人羡慕的地方是什么吗？ 就是无论你们现在是一条快乐的小鱼还是一条为作业、考试发愁的小鱼，你们还有无限可能，通往成为大鱼的这条路还很长，长到你可以选择成为什么样的大鱼，去看什么样的风景。 我们言归正传，大鱼和小鱼，英雄和路边鼓掌的人有明确的界定吗？ 生1：没有，很多人一生都很平凡，一生都在做一些平凡的事，比如说种树，但是他坚持了一生，将沙地变成绿林。 生2：有的人可能大多数时候都是路边鼓掌的人，但是人生中总有那么几个高光时刻，在这几个时刻他就是英雄。 生3：没有，可能别人不觉得你是英雄，但是你可以做自己的英雄。 生4：庄子的大鱼和小鱼是有界定的，但是英雄和路边鼓掌的人没有明确的界定。 生5：路边鼓掌的人也是英雄，给别人鼓励、称赞、信心，让人成为英雄的人也应该是英雄。 …… 师：看来大家对大鱼、小鱼、英雄、路边鼓掌的人有了更深刻的看法。也许庄子故	语文是充满着人文精神的学科，语文的教学也应重视人文主义，关注学生的精神世界，注重学生的个体发展与个人成长。

教学内容	师生行为	教师行为意图
思考探究	事里的大鱼、小鱼一眼就可以分辨，但是生活中的大鱼、小鱼却很难辨认，正如英雄和路边鼓掌的人难以界定一样。刚刚有一位同学的回答让我印象深刻，无论别人是否觉得我们是英雄，但是我们可以做自己的英雄。在你们成长为大鱼的道路上，不能说充满了艰难险阻，但绝不是一帆风顺，无论如何，老师希望你们可以做自己的英雄。	
课堂小结	庄子是中国古代重要的思想家之一，他的哲学思想、处世观等对后世产生了重要影响，即使到了今天，很多时候我们依然不可避免地会受到庄子的影响。 庄子，一个极具浪漫主义色彩的思想家，他的故事充满着瑰丽的想象，引人入胜，给人以智慧的启迪。本节课我们从庄子的大鱼、小鱼出发去感悟、思考人生，从大家的踊跃发言中老师就能感受到同学们都有收获。	

课后作业	**展开想象，提升语用能力**
	  课堂时间有限，很多同学的想法还没有完全表达出来，还有一些问题我们没有时间来进行更深入的探讨。那今天的作业就以"我是一条鱼"为题来展开关于鱼的自述。
	  同学们发挥想象，你既可以是大鱼也可以是小鱼，也可以将其看成你人生的不同阶段。可以谈的也很多，比如说：鱼当时的想法、鱼对自己生活环境的看法、鱼对未来的规划等。
		作业的布置依然是基于"大语文"教学观和学生语文核心素养的培养。
		  表达能力包括书面表达能力和口头表达能力两个层面，对于表达能力的提升除了多说多写也

第二部分 语文不器:教学案例

续表

教学内容	师生行为	教师行为意图
课后作业	作业要求:下节课之前将"我是一条鱼"的书面作业交上来,不限字数。除此,每个人需要再准备一份口头作业,也是"我是一条鱼",可以和作业一模一样,不过这是要用于课前的一个小演讲,要求脱稿,时间控制在两分钟左右。	没有更好的方法。同样的作业以两种不同的方式呈现,以期实现学生表达能力的全面培养,更好地实现语言的建构和运用。

铸就思维品质,提高语文素养

学生的学习是一个不断思考的过程,语文教学要培养四个核心素养。但是在具体的教学实践中,可能无法面面俱到,教师应当寻找适宜的教学契机,在恰当的教学环节结合学生的需要侧重于某一核心素养的提升。当然核心素养之间相互影响、相互促进,一方面的提升也有利于其他几方面的进步。

本节课是在学生学完八年级下册《〈庄子〉二则》之后的一个拓展延伸,旨在通过引导学生感悟庄子的哲学思想,引发对生活、人生的思考,从而实现思维的发展与提升,锤炼学生的思维品格,培养语文核心素养。课堂具体环节如下:

1. 电影导入,增强趣味

《大鱼海棠》是一部优秀的国产动漫,深受同学们的喜欢。在学完《〈庄子〉二则》之后,让学生去观看电影,学生可以自然而然地将电影与所学内容联系起来,同时电影生动的故事情节、新奇的立意也会引发学生更多的思考。以电影导入新课，不仅能提高学生的学习兴趣，也能迅速调动学生的思维，实现师生之间的良好互动。

2. 故事引导，激活思维

经过导入环节，本节课的主角"大鱼""小鱼"已经出场，接下来就是同学们从这两条鱼出发进行深入探讨。但是讨论伊始学生又陷入了"子非鱼，安知鱼之乐"的辩论中，打乱了原有的教学计划，这时就要求教师随机应变，及时将学生拉回正题。本节课上是用"苏轼和佛印坐禅"的故事给学生提供了一个新的问题思考角度，既不再让学生纠结于"子非鱼，安知鱼之乐"这个问题，也能进一步激活学生思维，让学生有更多的思考。

3. 开放审视，多元解读

"多元化解读是指对意义丰富的文学作品，采用个性化解读的方式，获得各种不同的阅读感受。"① 在教学中教师应该尊重学生的个体差异性，不是将自己的看法或者自己以为正确的观点传递给学生，而是鼓励学生从不同角度去思考，去获得个性化的认知。生活中很多问题都没有准确答案或唯一答案，语文又何尝不是呢，"大鱼"更好还是"小鱼"更好同样没有答案。因此，在这一环节中，我们应以一种开放的眼光去看待学生多元化、个性化的解读。当然，这种多元化的解读也更能促进学生思维的发展与提升，提高语文核心素养。

4. 注重情感教学，形成正确价值导向

"情感态度与价值观"是语文教学的三维目标之一，语文除了教授知识，还承担着人文教育的重担。因此，在语文教学中教师要重视情感教育，引导学生形成正确的价值观，在本课中要让学生认识到"大鱼"和"小鱼"，"英雄"与"路边鼓掌的人"同样重要。

---

① 尹玲. 多元化解读，培养语文核心素养[J]. 教书育人，2019（31）：18-19.

5. 展开想象，提升语用能力

语言与思维是"一体两面"，可以在思维发展中提升语用能力。① 经过本节课的学习，学生对"大鱼""小鱼"有了更深刻的认识和更多的感悟，作业就以"我是一条鱼"为题，让大家发散思维、展开合理想象进行创作。同时，又要以书面和口头两种表达方式呈现，全面提高学生的表达能力。可以说本次作业不仅能够促进学生思维的发展与提升，也能够提高学生的语言建构与运用能力。

思维是一种品质，更是一种能力，锤炼和铸就学生的思维品质，让学生无论是在语文学习，还是日常生活中都能够多想、多思考，有利于学生形成丰富的精神世界，促进学生综合素质的全面提升。

>> 观课语：

深圳市福田区实验集团侨香学校陈月娥老师：本课有趣味、有思辨。中间插入苏轼和佛印的故事，学生笑着笑着，思维就激活了。从思考"究竟两个斗嘴的好友谁赢了"到"庄子和惠子谁赢了"，从讨论"做大鱼还是小鱼"到"做英雄还是在路边鼓掌的人"，同学们的思维活跃，灵感的火花不断，妙语如珠。讨论从古代的故事到今天的学习和生活，实现了学以致用。最后老师又引导学生明白平凡生活中英雄和凡人有时是并存的；平凡中有伟大，伟大来自于平凡。升华了"课眼"。

这节课在师生平等、民主、和谐、真实、有效的对话中，润物细无声地提高了学生的思辨能力，扩大了学生的视野，将课文与生活连接了起来。

---

① 唐成军，王梓睿.核心素养视域下的语言建构与运用［J］.教育与教学研究，2018，32（12）：85-91.

六、学《乡愁》引群文诵读：于诵读中感悟思乡情

> **教材生长点**
>
> 本课从九年级上册第一单元《乡愁》出发，以课上分组朗诵、鉴赏与"乡愁"有关的诗歌，以及师生交流"乡愁""乡味""乡音"几个环节，带领学生更深刻地体会"乡愁"并感受诗歌中所蕴含的美。

> **课文出处**
>
> 小时候 / 乡愁是一枚小小的邮票 / 我在这头 / 母亲在那头
>
> ——九年级上册《乡愁》

> **教学过程**

教学内容	师生行为	教师行为意图
组织教学，导入新课	**师**：同学们，大家好！ 上节课我们学习了余光中的《乡愁》，课下也让大家模仿着去写，有的同学写得非常好，有的同学的语言还需要再打磨一下。我们请几位同学和大家分享一下。 生1：乡愁是一根长长的电话线 　　　我在这头 　　　姥姥在那头 生2：乡愁是一张不大不小的机票 　　　我在这头 　　　故乡在那头 生3：乡愁是一颗甜甜的糖	让同学们分享自己的诗歌，既是对作业的检查，也有利于生生之间的交流，促进学生思维能力以及创造能力的提升。

续表

教学内容	师生行为	教师行为意图
组织教学，导入新课	快乐在这头 忧愁在那头 …… **师**：这几位同学选择的意象非常好，看来同学们具备诗人的潜质，希望同学们能够继续创作，将来可以成为大诗人、大作家。另外，要给大家说明的是，仿写《乡愁》我们仿的是格式，主题词是可以变的。	
诗歌诵读	**在诵读中品味语言美** **师**：之前我们学过余光中的《乡愁》，通过邮票、船票、坟墓、海峡感受了诗人对母亲、家乡、祖国深深的思念以及眷恋之情。 现在我们有感情地背诵这首诗歌，再次体会诗人的情感。 **生**：小时候/乡愁是一枚小小的邮票/…… **师**：除了余光中之外，还有很多诗人通过诗歌表达了对故乡、亲人的思念之情。之前给同学们布置了作业，让每个小组选择一首你喜欢的与"乡愁"有关的诗歌来朗诵，现在就到了大家展示成果的时候了。 第一组： **乡愁** 席慕蓉 故乡的歌是一支清远的笛 总在有月亮的晚上响起 故乡的面貌却是一种模糊的怅惘 仿佛雾里的挥手别离	先让学生集体背诵课文《乡愁》，能够快速集中学生的注意力，也是为后面的朗诵环节预热。

续表

教学内容	师生行为	教师行为意图
诗歌诵读	离别后 乡愁是一棵没有年轮的树 永不老去 **师**：大家朗诵得很好，第一组同学选择了席慕蓉的《乡愁》，选择的是集体朗诵的方式，在朗诵过程中大家再多注意一下重音就更好了，比如说：结尾部分"永不老去"，每个字都应该重读。 **在鉴赏中体会作品美** 那同学们能不能和大家分享一下为什么选择这首诗，以及你们在一遍一遍的诵读中的感受，体会到的情感等。 **生1**：首先这首诗符合主题要求，另外我个人特别喜欢席慕蓉的诗，比如《一颗开花的树》，所以就向我们组的其他同学极力推荐了这首诗。 **生2**：这首诗很美，比如说"清远的笛""没有年轮的树"，再就是十分耐人寻味，"模糊的怅惘"，在诵读中慢慢是有这种感觉的，但是换一个词语或者用自己的话来说又不知道该怎么形容。 **生3**：我最喜欢最后一小节，"离别后/乡愁是一棵没有年轮的树/永不老去"，离开家乡才会有乡愁，我老家是河南的，基本上只有过年的时候才会回去，我的乡愁主要是对爷爷奶奶的思念。 **师**：感谢第一组同学的分享，这首《乡愁》从声音和面貌两个方面来写，最后又提到"乡愁是一棵没有年轮的树"，的确，乡愁没有办法计算时间，生命不息，乡愁不止。	每组朗诵结束后教师进行点评，及时和学生反馈，提出改进意见。 学生的回答是对这首诗语言与情感的了解，同时也有利于提高学生的表达能力。

教学内容	师生行为	教师行为意图
诗歌诵读	接下来有请第二组同学分享你们的诗歌。 **在诵读中品味语言美** 第二组： **乡愁四韵** 余光中 给我一瓢长江水啊长江水 酒一样的长江水 醉酒的滋味 是乡愁的滋味 给我一瓢长江水啊长江水 给我一张海棠红啊海棠红 血一样的海棠红 沸血的烧痛 是乡愁的烧痛 给我一张海棠红啊海棠红 给我一片雪花白啊雪花白 信一样的雪花白 家信的等待 是乡愁的等待 给我一片雪花白啊雪花白 给我一朵腊梅香啊腊梅香 母亲一样的腊梅香 母亲的芬芳 是乡土的芬芳 给我一朵腊梅香啊腊梅香	

续表

教学内容	师生行为	教师行为意图

诗歌诵读	**在鉴赏中体会作品美**
	师：选择的还是余光中的诗歌，朗诵形式较第一组来说更加多样，有独诵也有齐声合诵。整体来说朗诵得很不错，提一个小建议吧，"的"是结构助词，也就是虚词，因此，"的"不用读得那么重。"是乡愁的等待"重读的地方应该是"乡愁"和"等待"。
	同样来和大家分享一下为什么选择这首诗以及你们在诵读中的感受、体会吧。
	生1：这首诗和我们学的那首《乡愁》都是余光中写的，我们觉得诗人写乡愁写得特别好，就还是选择了余光中的诗。
	生2：这首诗是对大陆的思念，"海棠红、雪花白、腊梅香"都非常具有民族特色，我觉得诗人这些意象选得很好。
	师：余光中被称为"乡愁诗人"，由于所处时代以及自身经历的原因，故乡难回，因此借诗歌表达思乡之情，他的诗值得我们好好品味。
	接下来我们一起欣赏第三组的诗歌朗诵。
	在诵读中品味语言美
	第三组：
	    错误
	   郑愁予
	我打江南走过
	那等在季节里的容颜如莲花的开落
	
	东风不来，三月的柳絮不飞
	你底心如小小寂寞的城
	恰若青石的街道向晚	

第二部分　语文不器：教学案例

续表

教学内容	师生行为	教师行为意图
诗歌诵读	跫音不响，三月的春帷不揭 你底心是小小的窗扉紧掩 我达达的马蹄是美丽的错误 我不是归人，是个过客…… **师**：第三组同学选择的是郑愁予的《错误》，也是非常出名的一首诗歌。朗诵形式是轮诵，也就是一人读两句，这样的朗诵形式有好处，可以根据声音特点、情感爱好来选择要读的句子。但是弊端也很明显，就像"东风不来……"这里是一位男生读的，声音高亢浑厚，"恰如青石的街道向晚……"这里是一个女生接的，声音比较小，比较细，两个人声音特点差异较大，一定程度上不利于诗歌的连贯性，因此，在开始安排的时候要合理，可以多尝试几次，让过渡尽量不突兀。 同样来和大家分享一下为什么选择这首诗以及你们在诵读中的感受、体会等等。 **在鉴赏中体会作品美** **生1**：这首诗也表达了游子对故乡的思念之情，比较符合"乡愁"的主题。 **生2**：我们组选择这首诗还有一个原因就是该诗不仅有游子对家乡的思念之情，还有家人盼游子归家的情感。我觉得我们思念着家乡、亲人的同时，他们也在思念着我们。 **生3**：这首诗的意象也很美，比如江南、莲花、东风等。 **师**：感谢第三组同学的分享，是的，我们在思念着家乡、亲人的同时，他们也一定在思念着我们。	

续表

教学内容	师生行为	教师行为意图
诗歌诵读	接下来我们一起听听第四组的诗朗诵。 **在诵读中品味语言美** 第四组： **苏幕遮·燎沉香** **周邦彦** 燎沉香，消溽暑。鸟雀呼晴，侵晓窥檐语。叶上初阳干宿雨，水面清圆，一一风荷举。 故乡遥，何日去？家住吴门，久作长安旅。五月渔郎相忆否？小楫轻舟，梦入芙蓉浦。 **师**：第四组同学选择的是一首宋词，然后是一人独诵。这位同学朗读得很好，每个字的字音读得很准确。同样也和大家分享一下为什么选择这首词以及你在诵读中的感受、体会等，没有朗诵的同学应该有更多的时间来思考、感悟，期待你们的分享。 **在鉴赏中体会作品美** **生1**：当时看各个组的朗诵诗篇时，我们想选的一些现代诗歌其他组已经选了，所以选了这首宋词，也可以吧。 **师**：从古至今，思乡都是游子们的一个永恒的主题，古往今来，有大量关于"乡愁"的文学作品，所以这首宋词是符合我们今天的朗诵主题的。 **生2**：这首词也很美，上阕是景物描写，尤其是"水面清圆，一一风荷举"对荷叶、荷花的描写很传神；下阕则集中写了对家乡、对儿时的同伴的思念之情。	在课堂上尽量减少形式上的限制，让学生有更多的选择和思考。

续表

教学内容	师生行为	教师行为意图
诗歌诵读	**生3**：这首词是诗人羁旅他乡时，看到了雨后初晴，鸟鸣于屋檐之下，水中荷叶莲莲，荷花亭亭玉立的场景，想到了他的家乡"吴门"，也就是吴越一带，从而引发了思乡之情。 **师**：对于这首词解读得很好，看来认真地做了准备工作。"叶上初阳干宿雨、水面清圆，一一风荷举。"描写荷花的这句词流传千古，受到很多人的推崇，同学们也可以积累下来。 接下来是第五组同学的分享。 **在诵读中品味语言美** 第五组： **乡愁** 敖红亮 思念家乡的泪珠 滴落在雨天的屋檐下 碗里 饭里 咽进肚里 让思乡者倾醉 醉在梦里 梦在乡里 是一只芦苇笛 鸣在乡思者的心窝里 **师**：这组同学选择的也是一首现代诗歌，朗诵形式有独诵、有齐声合诵，语速适中，情感把握得也相对较好，同样和大家分享一下选择这首诗的原因以及诵读感受。	

续表

教学内容	师生行为	教师行为意图
诗歌诵读	**在鉴赏中体会作品美** 生1：这首诗也比较符合今天的主题，敖红亮可能大家不太了解，比起其他诗人没有那么出名。他是一位现代诗人，1980年出生，除了诗歌之外他也写小小说和散文。 生2：这首诗语言比较质朴，但是情感非常真挚，白天晚上都在思念家乡。 师：感谢第五组同学的分享，无论是比较出名的或者说大家熟知的一些诗人，还是诗坛的新起之秀，甚至是你周围同学的诗，大家都可以找来他们的作品读一读，只要能够激发你的情感，引起共鸣的诗歌都是好诗。	
思考探究	**在交流中感悟情感美** 本节课我们已经诵读了很多首与"乡愁"有关的诗歌，相信大家对乡愁有了更深刻的感受。 习近平总书记曾说过这样一句话：要依托现有山水脉络等独特风光，让城市融入大自然，让居民望得见山、看得见水、记得住乡愁。 哪位同学能谈谈你对"望得见山、看得见水、记得住乡愁"的理解。 生1："望得见山、看得见水"是第一层，我们要保护自然环境，"记得住乡愁"是第二层，我们要热爱自己的家乡。 生2：我觉得"记得住乡愁"更侧重于对家乡、对亲人的眷恋之情。 生3：乡愁也可能是具体的，比如说思念家乡的一种食物，某一种节日习俗。	结合习近平总书记的话让同学们谈对"乡愁"的理解，也是在语文课堂中融入对学生情感态度与价值观的引导，让同学们能够热爱自己的家乡、民族。

续表

教学内容	师生行为	教师行为意图
思考探究	**师**：看来同学们对乡愁都有着深刻的理解。的确，乡愁是对家乡的一种热爱、眷恋之情，也可能是对家乡的食物、习俗，甚至家乡话的怀念。同学们也可以从乡味、乡音这些角度来和大家分析一下你的乡愁。 **生1**：我的家乡在陕西，而在陕西，最被当地人喜爱的美食，莫过于肉夹馍了。肉夹馍是两种食物的结合体，他们分别是白吉馍和腊汁肉，汤汁浓郁的肉夹在白吉饼里可真是太好吃了。 **生2**：在我的老家广西，有一个特殊的习俗，除了在端午节吃粽子，在大年三十也吃。每年都会吃到伯母做的粽子，粽子甜甜咸咸的，粽子里有绿豆沙也有五花肉，非常美味。 **生3**：我老家在兰州，牛肉面特别出名，我们做牛肉面也很有讲究，要"一清二白三红四绿五黄"。"一清"是汤要清，"二白"是有几片白萝卜，"三红"是辣椒红，"四绿"是香菜葱花绿，"五黄"是面条黄亮。 …… **师**：听了同学们对家乡美食的分享，真的是让人垂涎三尺，非常想去吃一吃。乡味是对故乡的思念，一头是身处异地的我们，一头是让人无限怀念的故乡，我们追寻着乡味，也借乡味诉说着相思。 除了食物之外，同学们能不能分享一下关于乡音的感受，或者和大家展示一下你的家乡话，让其他同学猜猜是什么意思。	从乡味、乡音引导学生分析乡愁，让乡愁不再抽象。

语文不器：拓展的语文教学

续表

教学内容	师生行为	教师行为意图
思考探究	生1：爸爸说家乡话我是完全能听懂的，但是有时候爷爷奶奶说的话有的地方我就听不懂。 生2：我能听懂，也会说，但是我舅舅说我说得不地道。 生3：我给大家说一句家乡话，你们来猜一下是什么意思。"天黑我就回家了，回去之后我不吃饭"。（江西话） 生4：快一点，找个东西找这么久。（陕西话） …… 师：哈哈哈，每一个地方的家乡话都很有特色，中国自然地理环境多样，不同的区域有着不同的生活方式，每个地区也都有独具特色的语言。有一句古诗同学们可能都听过，"少小离家老大回，乡音无改鬓毛衰"，乡音是家乡留在我们身上的印记，除了普通话之外能和家乡的人说一口流利的家乡话也非常重要。 耿立曾经写过一篇《乡音》的文章，我会发给同学们，大家也可以从文章中去感受乡音里流淌的情感。	
课堂小结	古往今来，客居他乡、出门在外的游子难免思念家乡，有大量承载着乡愁的文学作品值得我们去阅读。当然，我们在品读诗歌、阅读文章感受别人的乡愁的同时，也要记住自己的乡愁。家乡的美食、特别的习俗、亲切的乡音承载着我们的乡愁，它们也是家乡文化的一部分，需要我们去传承。	除了在情感上引导学生热爱家乡，还应引导学生有所行动，自觉传承家乡文化。

续表

教学内容	师生行为	教师行为意图
课后作业	因为年龄和经历的关系，很多同学在这个城市出生、读书，朋友、亲人都在这里，所以对于"乡愁"没有切身的感受。本次作业就是需要大家做一个小采访，采访你们的父母、爷爷、奶奶或身边的任何人，了解他们的乡愁是什么。 可以给大家提供一些参考问题，但是同学们的采访一定要含有自己的问题，也就是自己的思考，不能照搬参考题目。 1. 请问您最怀念家乡的哪一种食物/习俗？ 2. 当您思乡时您会如何排遣这种情绪？ 3. 您多久回一次家乡，可以用地道的家乡话和老家的人交流吗？ 4. 关于家乡印象最深的一件事是什么？ 5. 能分享几件您和家人之间的事吗？ 6. ……	作业依然是从"大语文"教学和学生语文核心素养的培养出发。 很多学生可能老家在某个地方，但是他一直生活在另外的城市，对于乡愁没有切身的感受。因此，除了让学生诵读诗歌，在诗歌中感受"乡愁"之外，也让同学们去采访身边的人，感受他们的"乡愁"，从而对"乡愁"有更深刻的体会。

品读诗歌，欣赏美

审美鉴赏与创造能力是语文核心素养的重要组成部分，培养学生的审美鉴赏能力和创造能力不仅是语文教学的重要目标，也是提升学生综合素质的重要方面。"语文教学是文化传承和培育审美与创造能力的重要阵地，

> 语文不器：拓展的语文教学

学习语文知识同样也是培育审美能力的过程，语文教学的过程就是美的熏陶、美的创造过程，就是不断提升核心素养的过程。"[1]因此，审美鉴赏与创造能力的培养应贯穿于语文教学的始终。

罗丹说：世界上并不缺少美，而是缺少发现美的眼睛。每个人对美都有追求，语文学科的美具有实用性和艺术性，以诗歌为例，诗人借诗歌表达情感，读者诵读诗歌感悟情感、品味语言、享受美，这是诗歌的实用性，而诗歌的艺术性则集中体现在诗歌的"美"：凝练优美的文字承载着语言美、思想美以及"言有尽而意无穷"引发人无限遐想所带来的想象美、朦胧美等。品读诗歌的过程无疑是享受美的过程，本课从九年级上册《乡愁》出发，以课上分组朗诵、鉴赏与"乡愁"有关的诗歌，以及师生交流"乡愁""乡味""乡音"几个环节带领学生欣赏诗歌中所蕴含的美。

1. 在诵读中品味语言美

语言含蓄隽永、清新雅致的诗歌能带给人美的享受，富有情感地去诵读一首诗歌，将无声的文字变成有声的语言，在诵读中去感受诗歌的语言美。朗诵的形式可以多种多样，个人独诵、小组合诵、分段诵读等都可以，学生可以选择自己喜欢的形式进行朗诵。好的朗诵不仅自己可以从中获得美感、幸福感，也可以让听众享受美。

2. 在鉴赏中体会作品美

经过课前搜集资料、课下课上诵读，学生对于诗歌已经有了一个比较全面的了解，在这一过程中他们有了很多自己的感悟，这时就可以让学生谈谈自己的看法。人对于美的追求和鉴赏是与生俱来的，学生审美能力的提升是一个自然而然的过程，教师需要做的往往只是激发和引导。在适宜的情境、恰当的问题的引导下，学生在鉴赏诗歌这一环节中给出了许多令人欣喜的答案，对于诗歌语言、情感、意象等都有提及，能够从诗歌鉴赏

---

[1] 邹荔娟. 核心素养导向下的高中语文群文阅读教学研究[J]. 语文建设, 2018（35）：14-17.

的层面体会到作品的美。也有同学结合自身生活经历来分析诗歌,这说明学生和诗歌在情感上实现了共鸣。

3. 在交流中感悟情感美

"一个人的审美创造程度是文化思想能力的体现,更是社会生活的体现。"① 创作源于生活,联系生活实际去品味艺术作品往往可以带来更真切的感受。乡愁是一种情感,这种情感常常会寄托在乡音、乡味、习俗等具体事物上,有的人的乡愁是一碗宽面,有的人的乡愁是故乡腊梅花的幽香……不同的人对家乡的记忆是不同的,通过让学生结合生活实际分享交流家乡印象,可以更好地感悟乡愁中蕴含的情感,体会无论身在何处,始终心系家乡的这种情感的美。

本节课是在"大语文"教学理念的指导下,通过引导学生诵读、感悟"乡愁"系列诗歌,培养学生的审美鉴赏与创造能力。语文是一门综合性的学科,本节课的主要目标虽然是提高学生的审美鉴赏能力,但是对于学生其他素养的提高也有所帮助,这可能就是语文不器吧,语文的作用从来都不囿于某一方面。中国人自古以来都有着深厚的乡土情怀,"安土重迁""落叶归根"是我们的传统情感,"乡愁"也应该作为一种思想文化被更好地理解和传承。诗歌优美的语言对于提高学生的语言建构与应用能力大有裨益,在交流探讨中引发的情感共鸣、激发的创作欲望则有利于学生思维能力的提升与发展。语文不器,"大语文"教学有利于学生语文素养的全面提升。

>>> **观课语:**

深圳市福田区外国语学校刘静老师:乡情绵长,乡味生香,乡音绕梁……这节拓展的《乡愁》课,由乡愁到乡味、乡音,构成了一个符合情

---

① 杜依然.对高中语文核心素养审美鉴赏与创造的感悟[J].黑龙江教育,2017(12):37.

理的"文化链";"记得住乡愁",也使传统意义上的文学乡愁与今天的国家诉求紧密结合。学生沉浸在诗歌中,陶醉在乡俗里,浸润在家乡文化中。内容丰富、形式活泼,引人入胜。学生的参与面很广,绝大多数同学都有展示或发言,从学生的深情朗诵中、鉴赏所选诗歌的侃侃而谈中和踊跃举手介绍自己家乡美食时的自豪话语中,我感受到了孩子们思维的活跃、情感的丰富、视野的开阔。

诵读训练是本课的一大特色。诵读时教师以鼓励为主,并结合具体诗句指导学生重读、停连等诵读方法,体现了学生的主体地位与教师的主导地位。

本课安排以"乡愁"为主题的群文阅读,有古诗、有现代诗,而且由学生自主选文,巧妙地开拓了学生的视野,促进了知识的建构。

第二部分　语文不器：教学案例

教学误区

有些课文适合做学科融合的，如果不补充相关学科知识，简单处理，字面上疏通文义，也算是完成了教学。但是学生似懂非懂、囫囵吞枣，很难领悟文字传达的艺术美。

课堂反馈

学生对于不太懂的文章，习惯于找个借口跳过去，缺少质疑精神。长此以往，学生探究精神很难培养，语文教学任务中的美育等目标也很难落地。

教学对策

认真做一些学科融合的讲解，学生的收获就会翻倍。也可以邀请相关科目老师一起跨学科教学。

下面这个课例就是一节语文与美术融合的跨学科教学课。

七、学《山水画的意境》融美学教育：读懂意境与写实

教材生长点

本课从九年级下册第四单元《山水画的意境》出发，以"语文与艺术审美"为切入点，让学生在了解了中国绘画的特点之后，再与西方绘画进行比较，更深刻地感受中国绘画的意境美。在感受中国画的意境美之后，再引导学生感受中国诗歌的意境美，让学生更深刻地理解我国诗画艺术的特点。与此同时，教会学生比较学习的方法，让学生在比较中打开思维，获得知识。另外，在培养学生文化自信的同时，引导学生树立文化平等观，以一种欣赏、平等的眼光学习其他国家和民族的优秀文化。

课文出处

画山水，最重要的问题是"意境"，意境是山水画的灵魂。

——九年级下册《山水画的意境》

教学过程

教学内容	师生行为	教师行为意图
组织教学，导入新课	师：同学们，大家好！上节课我们一起学习了《山水画的意境》，还记得画山水画最重要的是什么吗？ 生：意境。 师：是的，可以说"意境"是山水画的灵魂。那谁能谈谈在你看来什么是意境？ 生1："意境"就是从画中的远山、白云、落日、孤帆中感悟出作画人的心情。	从所学课文内容导入新内容，以旧带新，有利于学生接受新知识。

续表

教学内容	师生行为	教师行为意图
组织教学，导入新课	生2：有"意境"的诗、画会给人一种"言有尽而意无穷"的感觉。 生3："意境"可能就是"一切景语皆情语"吧。 生4：画画更讲究"神似"，与"形似"相比。 …… 师：同学们不仅谈了绘画的意境，也谈了诗歌的意境。的确，无论是绘画还是诗歌都十分讲究意境之美，诗和画是艺术家们表达自身情感的两种手段，诗和画也常常结合在一起，诗人为画题诗，画家为诗作画。更有王唯等诗人既是画家又是诗人，强调"画是无声诗，诗是有声画"。所以中国绘画最显著的特征就是意境美。	
对比探究	师：画的种类有很多，不同的种类有不同的特点。咱们班有一些同学在学习画画，除此我们也有美术课，谁能说说你知道的绘画的种类或者谈谈你画画的感受。 生1：中国山水画讲究写意，注重神似，但我觉得工笔画，尤其是花鸟类也非常注重形似。 生2：我学的是素描，非常看重明暗对比。 生3：我喜欢油画，色彩感很强。 生4：无论是中国画还是西洋画，在画人物的时候都非常注重人物的神态。 ……	通过提问和学生互动，让学生更快地融入课堂。

语文不器：拓展的语文教学

续表

教学内容	师生行为	教师行为意图
对比探究	师：看得出来，同学们对绘画很了解，有的同学提到了中国画，也有的同学提到了西方绘画。那么，我们今天就通过几幅画来粗略探讨一下中国绘画与西方绘画有哪些不同。 上面展示的几幅画都属于名画，有同学知道这几幅画吗？ 生1：第三幅画是《戴珍珠耳环的少女》。 生2：第二幅画是《倒牛奶的女人》。 师：看来比起中国画，大家对于西方画更了解。 生3：第一幅画见过，但是想不起名字了。 师：那我一说大家肯定就想起来了，第一幅是唐代画家张萱的《虢国夫人游春图》，画的是杨玉环的三姐虢国夫人游春的场景。	加强中西方文化艺术的对比，不断拓宽学生的眼界。 尽可能选取知名度较高的绘画作品，更容易调动学生的课堂积极性。

续表

教学内容	师生行为	教师行为意图
对比探究	这几幅画都是在画人物，大家可以观察这几幅画，看看中西方在画人物上有哪些不同。 生1：感觉比起中国画，西方绘画中的人物更真实，就是更像真人。 生2：我也觉得西方画里的人物很逼真，和照片似的。 生3：我不懂画，不过第一幅画人物的神态，马奔跑的姿态都画得很好，但是第二幅和第三幅我觉得更注重细节，第二幅抹布、围裙的褶皱都画得很逼真，第一幅马的尾巴、仕女的头发相对来说就随意了一些。 生4：老师，我是学画画的，《倒牛奶的女人》我就很容易看出来光是从那边来的，也能大概推断出时间是清晨，但是《虢国夫人游春图》就看不出光从哪边来，时间上更看不出来，感觉无论是说虢国夫人去游春还是游春归来好像都可以。 …… 师：不错，同学们观察得很细致。那我们是不是可以简单总结一下，中国画更注重"神似"，在画人物上着力表现人物的精神和个性，而西方画更注重"形似"，会依据光源将人物画得逼真、写实。 刚刚我们看了几幅人物画，现在我们再看几幅风景画，看大家是否有新的思考。	

语文不器：拓展的语文教学

续表

教学内容	师生行为	教师行为意图
对比探究	这几幅画大家可能不太熟悉，我给同学们说一下画的名字。第一幅是清代溥儒的《寒江钓雪图》，第二幅是近代画家陈少梅的《归牧图》，第三幅是清代画家吴昌硕的《蒲盆茶壶图》。	选取名师大家的作品，一是因为更具代表性，二是因为方便感兴趣的学生在课后进一步去了解该作品。

第二部分 语文不器：教学案例

续表

教学内容	师生行为	教师行为意图
对比探究	前三幅是西方绘画，分别是荷兰画家戈延的《乡村景色》、法国画家莫奈的《日出·印象》、英国画家莱斯利的《茶》，这幅《茶》呢，主要是想让大家和吴昌硕的《蒲盆茶壶图》对比。 素描是绘画的基础，一般被认为是在文艺复兴时期开始兴起，在西方绘画中占有重要地位，所以我也找了一幅素描画，让同学们可以更好地观察和对比。 现在呢，同学们可以以小组为单位，畅所欲言，交流自己的感受、想法。 生1：西方绘画的色彩感更强烈，中国画可能是找的这几幅没有上颜色吧，不过《归牧图》仔细看是有颜色的，整体感觉比较素雅。 生2：西方的绘画更写实吧，《乡村景色》和《茶》我真的觉得是照片。 生3：我对比一下茶壶吧，中国画里的茶壶就是用线条勾勒出形状，尤其是那个茶杯只有形状，就像简笔画。西方绘画无论是素描的罐子，还是《茶》里的茶壶都是有明暗对比、阴影变化的。	注重同类作品的对比，让学生通过观察有话可说。

109

续表

教学内容	师生行为	教师行为意图
对比探究	生4：其实西方绘画都有明暗对比、阴影变化，因为要依据一定的光源来作画。 生5：中国画比较讲究，有落款、有印章，很多画上还配有诗文。 生6：中国画比较有意境，尤其是前两幅，让人感觉"画中有诗"。名字也特别美，《寒江钓雪图》，就让我想到了"孤舟蓑笠翁，独钓寒江雪"这句诗。 …… 师：同学们的回答都很精彩，通过对人物画以及景物画的观察我们不难发现中西方绘画最大的区别就是：西方绘画注重"形似"，以写实为主；中国绘画注重"神似"，以写意为主。还有的同学比较专业，从光源、线条等方面做了对比。	通过上述观察、分析再进行归纳总结，让学生在这一过程中自己去感受中西方绘画的不同。
思考探究	师：中西方绘画有着不同的审美特点，但都是人类艺术史上的璀璨结晶。不过，我们从刚刚的对比可以明显感觉到，在中国绘画中无论是人物还是风景相较西方绘画来说更注重"意境美"。 在我国不光绘画是这样，诗歌也如此。 我们一起来欣赏几首诗，来品读这些诗歌的意境。 1. 两岸青山相对出，孤帆一片日边来。 2. 枯藤老树昏鸦，小桥流水人家，古道西风瘦马。 3. 泥融飞燕子，沙暖睡鸳鸯。 4. 山随平野尽，江入大荒流。	

续表

教学内容	师生行为	教师行为意图
思考探究	同学们按照我们之前划分的小组，每组选择一句或者两句诗来品味其中蕴含的意境。 生1：我们组赏析第2句，"藤""树""鸦"都是很常见的事物，但是在诗人眼中是枯萎的藤蔓、苍老的树木、黄昏时的乌鸦，给人一种凄清、凄凉的感觉。但是如果单看"小桥流水人家"这一句会有一种幽静雅致的感觉，是一幅恬静的乡村生活图卷。紧接着"古道西风瘦马"这一句又有了苍劲凄凉的意境。这些整体联系起来冷寂、漂泊的意境就十分明确，让人感觉漂泊的游子就是"断肠人"。 生2：我们组赏析第1句，刚刚上课的时候说"画是无声诗，诗是有声画"，我们根据这句诗画了一幅画。 师：诗情画意，诗画相通。画画得不错，能不能再用语言说一下这句诗或者这幅画的意境，让大家能够有更清晰的感知。	肯定学生的创造性表达方式，本节课先讲了山水画的意境，接着讲了诗歌的意境，学生用画来呈现诗歌，和我们开课所说的"画是无声诗，诗是有声画"一致。

续表

教学内容	师生行为	教师行为意图
思考探究	生2：这句诗是说两岸的青山相对耸立，一叶孤舟从太阳升起的地方驶来。在这里我们不难想象，在清澈的江水两旁是高耸的山峦，太阳从天边冉冉升起，一叶小舟从太阳升起的地方缓缓驶来。在这幅像画一样的景色里，江水青青、山色青青，远远望去是一片白帆，而这些或远或近的景物都被初升的太阳笼罩上一层淡淡的红色。 生3：这些只有景物的描写但却能够把人物的情感抒发得淋漓尽致，比如说"枯藤老树昏鸦，小桥流水人家，古道西风瘦马"给人一种孤独之感；而"泥融飞燕子，沙暖睡鸳鸯"就会给人一种生机勃勃的感觉，这时候诗人的心情也一定很好。 生4：我们组赏析第4句"山随平野尽，江入大荒流"，随着原野逐渐进入视野，山峦慢慢消失，江水奔腾而去，仿佛进入了辽阔的原野。整体给人一种辽阔、高远的意境。 …… 师：每一组都分析得很好，尤其是对画面的展开描述可以说恰到好处，让人身临其境。	重视学生语言运用与建构能力的培养，鼓励学生进行表达。
课堂小结	师：我国绘画和诗歌都十分注重意境，意境美也是我们诗画艺术的重要特点。 之前我们所学的课文讲了山水画的意境，今天又通过中西方绘画的比较，更深刻地感受了"意境"在我国绘画艺术中的显著地位。同时，也通过几句诗感受了诗的意境美。 中国的古典诗词有意境美、声韵美、形态美，不同的诗词，具有不同的音乐美感，又具有迥异的特质。	

续表

教学内容	师生行为	教师行为意图
课堂小结	同学们一起诵读下面一组诗，在诵读中感受诗歌的意境美。 壮美如"明月出天山，苍茫云海间"； 优美如"明月松间照，清泉石上流"； 壮丽如"大漠孤烟直，长河落日圆"； 空灵如"野旷天低树，江清月近人"； 孤寂如"孤舟蓑笠翁，独钓寒江雪"； 清新如"袅袅古堤边，青青一树烟"； 奇幻如"忽如一夜春风来，千树万树梨花开"。	在简单总结本课内容后，让学生诵读一组诗，更深入地感受诗歌的"意境美"。
课后作业	刚刚我们提到艺术是人类共同的语言，我相信每个人都是天生的艺术家。 今天有两个作业，同学们任选其一完成就可以了。 一是"你画我读"，也就是每个人自选一句诗作为创作题材，来画一幅画，下节课我们通过抽签的方式来"读"一幅别的同学的作品，看看大家能从中读到什么。说不定就通过这次作业找到了与你灵魂契合的小伙伴哦，所以同学们要好好创作，期待大家的作品和解读。 二是"诗情画意"，选择一句或者一组诗，可以通过绘画或者语言表达的方式来赏析其中蕴含的意境。	作业依然是从"大语文"教学和学生语文核心素养的培养出发。 让同学自选题材画一幅画，是对学生思维力、创造力的激发。 以抽签的方式随机来"读"其他同学的画，以实现生生互动，增强作业的趣味性。"读画"既是对学生观察力、思考力的一个锻炼，一定程度上也能提升学生的口语表达能力。

语文不器:拓展的语文教学

比较有妙用

"比较是经常使用的一种科学方法,它既要研究事物之间的共同点,又要分析事物之间的不同点,这种方法往往运用于科学性的学科中。"[①]但是,如果将比较这种学习方法运用到中学语文教学中,也会收获出乎意料的结果。本课就是从九年级下册《山水画的意境》出发,让学生在比较中感受中西方绘画的不同。

1. 比较显趣味

本节课主要是通过观察、鉴赏绘画作品,让学生在"读画"这一过程中感受中西方绘画的不同。比较中西方经典、生动、风格迥异的绘画作品,并结合真实的绘画体验带来不同视角的分享,极大地调动了学生的学习兴趣,增强了课堂的趣味性。

2. 比较促广博

"大语文"观讲究学习内容的丰富性,知识的广博性,学生通过课文的学习,已经了解了中国绘画的艺术特点,在此基础上,增加与西方绘画相关知识的比较学习,扩充学生的知识面,带领学生在课堂上感受中西方绘画之美,同时,希望课堂能够作为一个窗口,激发学生对中西方绘画艺术的兴趣,课下进行更深入、更广泛的学习。

3. 比较见真章

课文是以文字的形式呈现中国山水画的艺术特点,本节课再给出一些典型代表画作,让学生在视觉上有更直观的感知。同时采用中西比较、归

[①] 汤剑.比较:点亮语文学习——谈小学语文教学中运用"比较"的几点作用[J].新智慧,2019(35):70.

纳学习的教学方法,让同学们在比较中西方风景、人物等画作中感知并归纳中西方艺术的不同特点。其实,在比较的过程中也在培养学生的迁移能力,学生在学习《山水画的意境》这一课时文章提到了留白、光源、诗情画意等,学生也会从这些角度出发去探索西方绘画的艺术特点。这是类比迁移能力的培养,为学生提供思考的角度,能有效拓展学生的思维。

比较学习的方法能够增加课堂的趣味性,促使学生展开更积极的思考,促进学生思维的发展与提升。同时,比较往往是两者及其以上,丰富的教学材料和内容有利于扩充学生的知识积累。

>> 观课语:

广东中山纪念中学袁海锋老师:本课课堂设计立足于教材内容,以"意境"概念导入,达成了对已学课文内容的巩固,关联了中西方绘画特征,联系了美术课堂现实,导入自然,且激发了学生兴趣。

课堂善利用对比方法这一支架,以画作刺激视觉,调动学生形象性思维,感知并归纳中西方绘画特征的不同点,学生课堂活动参与度较高。

课堂以认识中西方写实和写意特征作为知识性目标,同时兼以学会"赏画"作为审美性目标,精选画作,使学生在知识层面和审美层面都有所提升。

语文不器：拓展的语文教学

教学误区

我们按照课本的顺序学习的一篇篇课文像一颗颗珍珠，我们很少有时间带领学生在课堂上将这一颗颗珍珠串成一条条线。如李白的诗、苏轼的词、鲁迅的文，选入我们课本的都不止一篇，我们常常仅在介绍作者时提到已经学过的同一作家的其他作品，很少系统地将一个作家的思想、作品作为一个探究课题来探究。

课堂反馈

学生对作家作品的理解停留在一个个点上，而没有升华为一个个面，知识因缺少系统性而难以建构成完整的知识体系，深度学习就难以发生。

教学对策

以作家为线，做专题式的探究课，带领学生深入了解、思考、探究这个作家，最终达到"读透一个人"的效果。每个学期如果能安排两次这样的探究课，三年下来，学生就读透了12个人。读透一个人虽然不仅仅靠一节探究课，但是探究课上朋辈影响的示范性、平等对话的启迪性、深度学习的思维力，都会助推学生去读透这个人。当然不仅可以以作家为线，也可以用其他的作为线索，例如以"现代诗"这种题材为线等。

下面的课例，就是笔者以鲁迅这一人物为线索上的一节人物探究课。

八、学《回忆鲁迅先生》带人物专题：走近鲁迅

教材生长点

本课是在学生学完多篇鲁迅的课文，对鲁迅有一定的了解之后，结合七年级下册第一单元萧红的《回忆鲁迅先生》这篇文章，以人物专题的形式带领学生学习本课，以期让学生对鲁迅能有一个更全面、更深刻的了解，让学生不再畏惧鲁迅，愿意学习鲁迅的文章且学习得有深度。

课文出处

鲁迅先生的笑声是明朗的，是从心里的欢喜。若有人说了什么可笑的话，鲁迅先生笑得连烟卷都拿不住了，常常是笑得咳嗽起来。

——七年级下册《回忆鲁迅先生》

教学过程

教学内容	师生行为	教师行为意图
组织教学，导入新课	**忆起鲁迅** **师：**同学们，大家好！ 我们学过很多鲁迅先生的文章，比如说小学的时候学过《少年闰土》，初中每一册书都有一篇鲁迅先生的文章，这些文章分别是《从百草园到三味书屋》《阿长与〈山海经〉》《藤野先生》《社戏》《故乡》《孔乙己》，有的我们学过了，有的还没有学到，大家都可以先找来读一读，包括先生的其他文章，相信一定会有收获。	

续表

教学内容	师生行为	教师行为意图
组织教学，导入新课	先生作为语文课本里常出现的人物，相信同学们一定有所了解，谁能给大家介绍一下鲁迅先生？ **生1**：鲁迅是大文豪，写过很多文章，代表作有《阿Q正传》《狂人日记》《呐喊》《彷徨》等。 **生2**：鲁迅是文学家也是思想家、革命家，想要唤醒当时中国人的意识。 **生3**：鲁迅最开始是学医的，后来弃医学文。 …… **师**：看来同学们对鲁迅很了解，鲁迅在中国文坛甚至世界文坛都占有重要的地位，他的作品、思想对每一代人都产生着重要的影响。	通过书本上的课文，带领学生一起回顾鲁迅的相关介绍。
讲解新内容	**讨论鲁迅** **师**：刚刚我提到同学们初中会学到六篇鲁迅先生的文章，除了课本上的文章我们也会将鲁迅的一些文章作为课外阅读呈现给大家，可以说鲁迅会伴随我们整个初中。到了高中我们依然会继续学先生的文章，比如《祝福》《记念刘和珍君》等。 可以发现，从小学到中学有大量鲁迅先生的文章。但是也出现了这样的争议：鲁迅的文章该不该移除课本？ 对于这个问题，同学们应该很有发言权，因此，我也想听听大家的意见。 **生1**：不应该，鲁迅的文章语言简练，而且他刻画的人物非常典型，比如说阿Q，经常会在一些评论性的视频里听到"阿Q式的人物"。	将一些争议引入课堂，让学生从自身感受出发去思考问题，促进学生思维能力的提升。

续表

教学内容	师生行为	教师行为意图
讲解新内容	生2：鲁迅的文章也能教给我们很多道理，比如说他迟到了在书桌上刻一个"早"字，他很勤奋，也非常孝顺父亲。 生3：他能够唤醒当时的国民意识，是具有精神引导的一个人，所以对于今天的学生在精神方面的成长也一定是有所帮助的，所以，不应该移除。 生4：可是我觉得鲁迅的文章很难懂，虽然对精神成长有帮助，但是看不懂，这和没帮助有什么区别。 生5：而且我就不明白了，鲁迅的很多文章都要背，又长又难背，考试也非常喜欢考鲁迅。 生6：小学、中学课本里有很多文章，其他作家也就一、两篇，可不可以移除一部分比较难的课文，留上一两篇就可以了。 生7：鲁迅主要批判的是封建礼教，现在已经是现代社会了，感觉有些课文不需要学了。 生8：鲁迅的确批判的是封建礼教，现在也的确是现代社会，但有的人思想上的封建礼教还在，所以鲁迅的课文不能移除。 生9：不是说鲁迅的文章不好，也不是我不想读，但是我现在就是不太能读懂，移除也不代表以后不读了，可以在阅读理解能力提升之后，我再去读。 生10：放在语文课本里就代表必须要去读，要去学习，如果是课本之外的课文，就可以根据自己的喜好和需要去读了。	语文课堂是思想、观点交流的一个平台，要鼓励学生畅所欲言，营造良好的讨论氛围。

续表

教学内容	师生行为	教师行为意图
讲解新内容	…… **师**：同学们讨论得很激烈，大概是这三种观点，第一种：不应该移除，鲁迅的文章无论是对我们语文素养的提升还是对我们精神的成长都大有帮助。第二种：应该移除，目前读不懂，或者说现在社会不需要。第三种：可以移除一部分，学一两篇即可。 很开心同学们能够畅所欲言，且每一种观点都言之有理。	
思考探究	**探究鲁迅** **师**：在对这个问题进行更深入地探讨之前，我们首先形成两个共识。 一是鲁迅是一代文豪，其文章在语言、文学等方面值得我们学习。 文坛上有这样一个排序，"鲁郭茅巴老曹"，分别是指鲁迅、郭沫若、茅盾、巴金、老舍、曹禺，对于排序的合理性或者说为什么这样排序我们在课堂上不做探讨。鲁迅排在第一位，对于他一代文豪的身份是毋庸置疑的。 二是鲁迅的文章可以唤醒国民。鲁迅先生以笔为戎，通过塑造、刻画、描写典型人物，如阿Q、闰土、孔乙己、祥林嫂等唤醒沉睡的国民，促进精神的成长。 大家同意这两个共识吗？ **生**：同意。 **师**：下面我们继续探讨几个问题，第一个：鲁迅为什么要弃医从文？	引入文学常识，引导学生在日常学习中不断积累，提升语文素养。

续表

教学内容	师生行为	教师行为意图
思考探究	鲁迅在《藤野先生》一文中这样写道：可惜我那时太不用功，有时也很任性。对于当时的成绩，鲁迅这样描述：同学一百余人之中，我在中间，不过是没有落第。同学们一起来探讨一下，鲁迅弃医从文到底是因为什么？ 生1：鲁迅觉得当医生只能救中国人的身体，不能救中国人的思想，所以弃医从文。 生2：感觉鲁迅当时的成绩并不好，学医应该也挺难的，可能就是学不进去了吧。 生3：鲁迅当时是在日本学医，他应该是边学日语边学医，能考到中游，已经很不错了。况且当时留学的人比较少，即使他成绩不太好，学成之后回国当医生也是完全可以的。所以我觉得他弃医从文真的是为了唤醒国人。 生4：鲁迅说他自己不用功，可能只是自谦的说法。所以我也觉得弃医从文是为了拯救中国人的思想。 …… 师：大家都知道藤野先生是鲁迅在仙台学医的老师，藤野先生也写过一篇文章叫作《谨忆周树人君》，对于鲁迅学习到底如何，我们一起来看看藤野先生的回答：记得那时周君的身体就不太好，脸色不是健康的血色。当时我主讲人体解剖学，周君上课时虽然非常认真地记笔记，可是从他入学时还不能充分地听、说日语的情况来看，学习上大概很吃力。对于鲁迅先生的成绩也有提及：在我的记忆中周君不是成绩非常优秀的学生。	对于该问题的探讨，自然地引入《藤野先生》《谨忆周树人君》等相关文章，一是拓宽学习内容的广度，二是让学生能够关注文章的细节，学会从细微处去探索答案。

续表

教学内容	师生行为	教师行为意图
思考探究	听了藤野先生的回答，同学们有没有新的思考。 **生**：可以看出鲁迅学习是非常用功的，虽然说成绩不是很好，但是一个人出国学习，在日语不流利、身体也不好的情况下取得中等成绩已经实属不易。 **师**：可见鲁迅说自己不太用功实属自谦，同学们也应该向鲁迅先生学习，珍惜现在良好的学习条件，努力学习。 对于鲁迅弃医从文的理由，我们不妨听听鲁迅自己怎么说：从那一回以后，我便觉得医学并非一件紧要事。凡是愚弱的国民，即使体格如何健全，如何茁壮，也只能做毫无意义的示众的材料和看客，病死多少是不必以为不幸的。所以我们的第一要著，是在改变他们的精神，而善于改变精神的是，我那时以为当然要推文艺，于是想提倡文艺运动了。（鲁迅《呐喊·自序》） 了解了鲁迅先生弃医从文的原因之后，同学们有没有什么感想和大家分享一下。 **生1**：感觉鲁迅先生很有文人风骨，心怀天下，让人很佩服。 **生2**：我之前看过鲁迅的一篇文章叫《父亲的病》，我觉得鲁迅学医是因为他觉得中医误人，所以要学西医，然后救更多的人。现在，他要写文章，还是为了救人，从始至终都是为了救人，是非常有担当的一个人。 **生3**：鲁迅在那个不太安稳的时代，有自己的思考，保持着人格、思想的独立，我觉得这一点很重要，也值得我们每一个人学习。	

续表

教学内容	师生行为	教师行为意图
思考探究	生4：老师，我想知道"从那以后"指的是从什么以后？ 师：鲁迅在日本学医的时候，在一次课堂上，老师播放了一部纪录片。讲的是在日俄战争时期，日本军队抓到了一个中国人，说是俄国派来的间谍，然后要枪毙他。在刑罚的现场，站了很多中国人，他们体格强壮，但是都是来看行刑的。 这时候鲁迅先生就觉得纵使有强壮的身体，但是灵魂麻木不仁，强壮的身体也只能做看客，所以弃医从文，以笔为戎，拯救国民之精神。 我想探讨到这里，同学们对于鲁迅应该有了更深刻的认识。对于鲁迅的文章应该不应该从课本上移除，依然存在争议，今天我们也无须探讨出一个统一答案来，老师只是希望同学们通过本节课的学习对鲁迅有更深入、更全面的了解。在日后学习先生的文章时少一些畏难情绪，多一些耐心，难懂就多读几遍，还是不懂也没关系，记在心里，可能日后在某一个瞬间突然就懂了。 人的一生分为很多个时期，不同时期可能有不同的选择，同样在不同时期，大家对同一个人或者同一件事可能有不同的看法。从我执教这么多年的经验来看，中学生未必不懂鲁迅，现在我给大家看两篇文章，也是我的学生写的，我们一起来看看他们眼中的鲁迅。	鼓励学生不懂就问，也尽可能地为学生讲清前因后果。

续表

教学内容	师生行为	教师行为意图
思考探究	作文一： **我是鲁迅** 深圳市福田区外国语学校　胡清怡 　　我是鲁迅，本名周树人，浙江绍兴人，生于光绪年间。那时清廷仍在，帝制仍在，家中祖父在朝为官，故而日子过得颇为宽裕。 　　12岁那年，祖父入狱，父亲病重，家道中落。三年后父亲去世，家境日益艰难。我乃家中长子，母亲与三个弟弟皆需我养活。后来族中分产，祖父尚在狱中，家中便由我出面开会。彼时方知，何谓世态炎凉，人情淡薄。 　　此后11年，我在外求学，曾赴日留学。那时家国动荡，山河破碎，清廷软弱无能，人民深受其害。我修习医学，自以为救死扶伤便可为救国献一份力，后来才发现，肉体之下的麻木不仁才是真正的病根。 　　风云变幻之际，国将不国，家不成家，我又怎能做麻木看客，无动于衷？于是，我弃医从文，决意以文字唤醒国民，以求得一线生机，挽救国家。 　　"民国"七年，我加入了陈独秀先生所创办的杂志《新青年》。那一年，我以"鲁迅"为笔名，写下了白话小说《狂人日记》，打出以笔代伐的第一枪，而"鲁迅"亦成为伴我余生的名字。	

第二部分　语文不器：教学案例

续表

教学内容	师生行为	教师行为意图
思考探究	自此,我竭尽全力,去唤醒那些在铁屋子中昏睡的人们。然而,我比所有人都清醒地认识到,昏睡者醒来后,我真正的责任才刚刚开始。人最痛苦的,是在梦醒之后,发现无路可走。我会是他们的领路人。 　　我所选之路很难,很险,或许我穷极一生,都无法走到尽头。可我既然踏上了,便不会回头。我清楚自己脚下的路是怎样的,我亦知晓自己该怎样去走这条路。我将面对抨击与质疑,威胁与抓捕,冷寂与孤独,可我无悔。 　　余生我必以笔代刀,划开万丈天幕,戳破长夜无明。 　　我是幸运的,亦是不幸的。幸运的是,有那么一群人,终于黑暗之中觉醒、呐喊,亦如当初之我。不幸的是,我不得不面对愤怒与苦痛,看着他们中的许多人离我而去。鲜血注入江河,撒上土地。我欲忘却这一切,却又终究无法忘却。 　　怒与悲,哀与痛,千言万语凝结为笔下文字。初心仍在,永志不改。我曾有言,此后如没有炬火,我便是唯一的光。然而在这冰冷的尘世间,我非孤身一人,有同行者与我一起明亮。 　　1936年秋,我在病痛之下离去,未见九州同。非是抱憾终生,却也未得偿所愿。但见东方已有红日初升,其道大光。我坚信,我的国家,我的民族,必将走向崭新的未来! 　　诉不尽的平生事,便止于此了。	

续表

教学内容	师生行为	教师行为意图
思考探究	作文二： **我是鲁迅** 深圳市福田区外国语学校　李家萱 　　我，周树人，生逢乱世，却怀了一颗战斗之心。 　　我22岁赴日学医。在那儿，我意识到了中国的落后，看到了中国同胞被残害的场景，还遇到了那些昏睡愚昧需要被唤醒的中国人。人类的悲欢并不相通，我突然感觉肩上多了一份责任，一份挽救中国、实现民族复兴的责任。在中国内忧外患之际，我做了一个决定——弃医从文，我要以笔为武器，战斗一生，我要唤醒那些迷茫且尚有些良知的中国人，我要拯救我们的国家，我绝不能再看中国被嘲笑、被欺侮！从此，我笔耕不辍，以鲁迅为笔名，立誓要以文字启蒙国民、拯救国家！ 　　1915年，新文化运动爆发。这是一场思想文化领域的革新运动，我们要启发国民新的伦理道德意识，培养国民的独立人格，彻底荡涤封建旧文化的毒害。历史少有浪漫，旧时总多荒唐。上有歌舞升平，下有草芥悲鸣。众声喧哗，混沌乱世。此情此景，让我无奈之下奋笔疾书： 　　我翻开历史一查，这历史没有年代。歪歪斜斜的每叶上都写着"仁义道德"几个字。我横竖睡不着，仔细看了半夜，才从字缝里看出字来，满本都写着两个字是"吃人"！	

第二部分 语文不器:教学案例

续表

教学内容	师生行为	教师行为意图
思考探究	我在我的白话文小说《狂人日记》中对人、对社会、对历史进行了批判,我将我对这黑暗社会的不满全部挥洒在我的笔下,让我的文章充满了刻骨的悲凉。我深知,孤独弱小的反抗精神很容易被社会洪流淹没。我对觉醒者、对革命运动深刻凝思着,总期望有朝一日,我的理想能够实现,中国能够真正成为独立自主的国家。 　　1919年,第一次世界大战结束后,中国作为战胜国之一派代表参加了在法国巴黎召开的所谓的"和平会议"。我国代表在会议上提出取消帝国主义在华特权、废除"二十一条"、收回青岛主权等正当要求。中国人民仿佛看到了希望,看到了曙光。可谁知,列强操纵了会议,对我国的要求置若罔闻,甚至还将德国在中国山东的特权全部转让给日本!岂有此理,中国人岂是软弱无能,岂是甘愿被欺的!5月4日,五四运动爆发了。举国上下揭露了帝国主义列强的侵略行径,并举行了游行示威。这是一场以先进青年知识分子为先锋、广大人民群众参加的彻底反帝反封建的伟大爱国革命运动。我们要让全世界都知道,中国人不是好欺负的,中国是有希望的,是有精神的,是有魄力的! 　　即便是"吃人"的时代,也有人从光中走来。陈独秀、李大钊等同志所宣扬的共产主义思想像是在昏暗大陆上忽然出现	

127

续表

教学内容	师生行为	教师行为意图
思考探究	的一束光,深刻地影响着为救亡图存而呕心沥血的仁人志士,给破碎的神州大地带来新生的希望。 　　新民主主义革命的道路是艰险的,是曲折的,但我们不怕!我们中国人勇于探索、百折不挠!睁开眼,我们身处黑暗;闭上眼,中国的未来是一片繁华,一路光明! 　　苟活者在淡红的血色中,会依稀看见微弱的光芒;真的猛士,将更奋然而前行。黑暗终将破碎,破晓终会来临!我相信党,相信共产主义,相信中国人民,更相信我们的祖国! 　　愿中国青年都摆脱冷气,只是向上走,不必听自暴自弃者流的话。能做事的做事,能发声的发声。有一分热,发一分光,就令萤火一般,也可以在黑暗里发一点光,不必等候炬火。 　　"横眉冷对千夫指,俯首甘为孺子牛"是我这一生的真实写照;"寄意寒星荃不察,我以我血荐轩辕"是我这一世的坚定理想;"人既发扬踔厉矣,则邦国亦以兴起"是我来这人间一趟的使命感与责任心。走上人生的旅途吧。前途很远,也很暗。然而不要怕,不怕的人面前才有路! 　　我虽生于乱世,但无怨无悔,唯一令我遗憾的是我终究还是未能等到中国强大起来的那天。百年之后的中国可还安好?但愿山河无恙,国泰民安,民族复兴!	

第二部分 语文不器:教学案例

续表

教学内容	师生行为	教师行为意图
思考探究	**师**:同学们读完这两篇作文之后,可以一起来赏析一下,谈谈你的感受,你觉得这两位小作者对鲁迅解读得透彻吗?算是能读懂鲁迅吗? **生1**:我觉得解读得很透彻,叙述了鲁迅的一生,从出生到死亡,也包括鲁迅一生中的重要事件。 **生2**:我也觉得很透彻,以鲁迅的口吻结合当时的时代背景去谈鲁迅的想法。 **生3**:就是不知道鲁迅是不是真的就是这么想的? **师**:有一千个读者就会有一千个哈姆雷特,既然题目是《我是鲁迅》,就可以结合鲁迅的生平、作品以及当时的时代去合理地揣测鲁迅的想法,进行个性化、多样化的解读。 **生4**:从"我"的角度出发,将自己放入那个时代,觉得我就是鲁迅,好像更能深入地了解鲁迅。 …… **师**:看来大家读完作文都认为两位小作者能读懂鲁迅,对鲁迅解读得很透彻。"螳螂捕蝉,黄雀在后",作者解读鲁迅,我们来看作者,同学们可以思考一下,虽然这两篇文章写的是《我是鲁迅》,但我们是否从字里行间感受到了鲁迅对两位小作者的影响呢? **生1**:有影响。第二篇作文中写"但愿山河无恙,国泰民安,民族复兴!"应该也是小作者的期望。作者说鲁迅先生遗憾的是没有看到中国的强大,小作者自己应该会	

129

教学内容	师生行为	教师行为意图
思考探究	更加努力，去见证中国的强大，去为中国的强大贡献一份自己的力量。 　　生2：第一篇也说了"我坚信，我的国家，我的民族，必将走向薪新的未来！"这应该不仅是文中鲁迅的希望，也是作者的希望。 　　生3："前途很远，也很暗。然而不要怕，不怕的人面前才有路！"我想作者以后遇到什么困难应该也会像鲁迅先生一样迎难而上，不去逃避。 　　…… 　　师：作者看鲁迅，同学们看作者，我看大家。同学们相信小作者从鲁迅身上获得了向上的力量、正确的引导，我也相信大家在这一环节获得了正能量。 　　当然同学们课后也可以写《我是鲁迅》，尝试自己去解读鲁迅。	
课堂小结	鲁迅作为文坛泰斗，他的作品不只在中国语文课本里常常见到，日本的教科书里也收录了很多鲁迅的文章，可以说鲁迅是享誉全球的作家。鲁迅文章的魅力，除了作品语言本身之外，更在于其思想性，他对国民性的剖析，对青年人思想的指导在今天仍具有重要意义。 　　当然我们通过两篇《我是鲁迅》的作文也发现同学们不仅读得懂鲁迅，而且读得很好，也希望同学们今后对鲁迅的文章不要有畏难情绪，放心大胆地去读。	

教学内容	师生行为	教师行为意图
课后作业	**思考鲁迅** 　　鲁迅先生有很多脍炙人口的名言，甚至衍生出了很多网络语言，比如说：走别人的路，让别人无路可走。在微信聊天里也有一些和鲁迅有关的表情包，这也从侧面突显了鲁迅的影响力。 　　通过一节课的探讨，相信大家对鲁迅有了更深入的认识，除了网络语言和平时斗图的表情包，更希望大家能够去了解、领会先生语言本身的魅力以及其中所蕴含的哲理。 　　下面老师列出了15句鲁迅先生的名言，大家任选一句或几句，谈谈你的理解、思考以及从中得到的启示。要求：根据名言自选角度，600字左右。 　　1. 我想：希望本是无所谓有，无所谓无的。这正如地上的路；其实地上本没有路，走的人多了，也便成了路。 　　2. 从来如此，便对么？ 　　3. 愿中国青年都摆脱冷气，只是向上走，不必听自暴自弃者流的话。 　　4. 倘只看书，便变成书厨。 　　5. 惟有民魂是值得宝贵的，惟有他发扬起来，中国才有真进步。 　　6. 巨大的建筑，总是一木一石叠起来的，我们何妨做做这一木一石呢？我时常做些零碎事，就是为此。 　　7. 悲剧将人生的有价值的东西毁灭给人看，喜剧将那无价值的撕破给人看。	作业依然是从"大语文"教学和学生语文核心素养的培养出发。 　　让学生谈自己对鲁迅先生的名言的理解，也是和先生对话的一个过程，让学生能够更深入地思考。除此，可以积累一定的句子，对于学生的写作也有帮助。

语文不器：拓展的语文教学

续表

教学内容	师生行为	教师行为意图
课后作业	8. 中国人的性情是总喜欢调和，折中的。譬如你说，这屋子太暗，须在这里开一个窗，大家一定不允许的。但如果你主张拆掉屋顶，他们就会来调和，愿意开窗了。 9. 真的猛士，敢于直面惨淡的人生，敢于正视淋漓的鲜血。 10. 我翻开历史一查，这历史没有年代。歪歪斜斜的每叶上都写着"仁义道德"几个字。我横竖睡不着，仔细看了半夜，才从字缝里看出字来，满本都写着两个字是"吃人"！ 11. 楼下一个男人病得要死，那间壁的一家唱着留声机；对面是弄孩子。楼上有两人狂笑；还有打牌声。河中的船上有女人哭着她死去的母亲。人类的悲欢并不相通，我只觉得他们吵闹。 12. 哪里有天才，我是把别人喝咖啡的功夫，都用在工作上的。 13. 改造自己，总比禁止别人来得难。 14. 寄意寒星荃不察，我以我血荐轩辕。 15. 时间就像海绵里的水，只要愿挤，总还是有的。	

创造性教学，构建情智语文

本节课是以教学专题的形式展开，设定"走近鲁迅"这样一个专题，旨在让学生将已有知识、所学知识、拓展知识联系起来，以期在丰富的资

第二部分 语文不器：教学案例

源整合中更全面地认识鲁迅，引发学生更深刻地思考。

1. 忆起鲁迅

初中教材里基本上每册书都有鲁迅先生的文章，学生在小学时也或多或少地接触过鲁迅的文章，对鲁迅应该说较为熟悉。通过带领学生梳理课本中鲁迅先生的文章，让学生忆起鲁迅，进行与鲁迅有关的专题探讨。教学专题和教材中的教学单元最大的不同就在于教学专题的主题性更加明确，本节课就是围绕"鲁迅"这样一个主题，将教材内（如学过的课文、对鲁迅的介绍等）和教材外（对鲁迅文章要不要从课本移除的探讨、对鲁迅生平的思考探究等）的内容联系起来进行梳理，并重新组合，形成新的教学单元。正如成尚荣所说："教学专题往往是超越教材、超越年级的，主题性、整合性、超越性是其主要特征。"①

2. 讨论鲁迅

孙双金老师曾提出"情智语文"的理念，即着眼于发展学生情感潜能和智慧潜能的教学。"它着力于唤起学生沉睡的情感，点燃学生智慧的火花，让学生的情感更丰富、更真挚，让学生的智慧更灵动、更丰厚。"②毫无疑问，鲁迅是一代文豪，但是不少人认为鲁迅先生的作品深奥难懂，应该从课本上移除，对此，我们不妨听听学生的看法，也许他们并没有像我们想象的那样排斥鲁迅。当然，也可以把这个环节当作一次辩论，让学生在唇枪舌战中感受语言的魅力，提升思辨能力，用辩论激发学生的情感潜能和智慧潜能。

3. 探究鲁迅

鲁迅弃医从文，以笔为戈，唤醒国民的故事同学们都知道，本环节通过《藤野先生》以及《谨忆周树人君》两篇文章的对比阅读，引导学生探究鲁迅，更深入地去了解鲁迅。在这一环节中注重引导学生关注细节，深

---

① 成尚荣.定义语文[M].上海：华东师范大学出版社，2017：120.
② 熊炎华.孙双金"情智语文"教学理念及实践研究[D].西宁：青海师范大学，2019.

入思考，探究其内涵与外延，从而认识一个更全面、更立体、更鲜活的鲁迅先生，真切地感悟其为国为民之精神。

4. 思考鲁迅

本节课的教学安排是循序渐进、由浅入深的。先通过学过的相关课文带领学生忆起鲁迅；然后就之前引起热议的话题"鲁迅的文章该不该从课本上移除"让学生展开讨论；接着引导学生结合鲁迅的作品、生平探究鲁迅，深入地了解鲁迅先生；最后的作业是让学生思考鲁迅，所谓的思考鲁迅其实是透过鲁迅的作品、生平、思想等来思考鲁迅对自己的启示，对自己的人生可以有哪些启发和引导。可以说本节课的设置从"忆起——讨论——探究——思考"不断深入，让学生在参与教学的过程中感受鲁迅的文人风骨、国民精神等。

教师是教学的组织者，教材是我们重要的课程资源，但我们不能只依托教材，还要积极开发课程资源，在实施课程的同时也要创造课程。专题教学就是对课程资源的开发，对课堂教学的创新，既可以让学生深刻了解、思考、探究某一主题，也可以有效地扩充学生的知识面，体现"大语文"教学理念，激发学生的情感潜能和智慧潜能。

>> 观课语：

江苏昆山青阳港实验学校徐德湖老师："走近鲁迅"专题教学，课脉清晰，环环相扣，体现了语文教师独特的文本解读能力和资源整合能力。以"梳理、探究"为主要学习方式，引导学生"读其文""识其人"，促进思维逐步深入，符合学生的认知规律。"鲁迅文章该不该删"的热点话题讨论，既有现实意义，又有思维张力，调动了学生的兴趣，训练了学生的思辨能力。如果能引导学生交流鲁迅先生不同题材作品的观感，可能会触发更多鲜活的、个性化的体验。

第二部分 语文不器:教学案例

教学误区

学习想象类文章时,合理的联想、奇伟的想象往往是学习的重点。理解课文中的联想和想象后,如何激发学生仿写的积极性?如何引导学生读写结合、以读促写?这是教学的难点。老师常常只布置仿写,缺少具体的仿写指导。

课堂反馈

学生在写作中缺乏大胆而合理的想象,思维活跃不起来,也不知道如何开启思维。

教学对策

结合具体的想象方向,给学生提供跨学科的相关知识,帮助学生写出符合科学的幻想文章。在提供范文的基础上,带领学生进行求异思维、多向思考,有助于激活学生的思维。

下面这个课例中,笔者给学生补充了相关的地理知识,帮助学生写地心探索方面的想象作文;又提供了课文的续写范例,带领学生多角度思考,鼓励个性化思考,试图激活学生的思维。

九、学《带上她的眼睛》用读写结合：为思维插上想象的翅膀

> **教材生长点**
>
> 在学习完七年级下册第六单元《带上她的眼睛》这篇文章之后，让学生对头顶的天空、脚下的土地以及万米之下的海底展开想象，进行创作。在这一过程中提高学生的想象力、创造力以及语言表达能力。

> **课文出处**

我要去度假，主任让我再带一双眼睛去。

——七年级下册《带上她的眼睛》

> **教学过程**

教学内容	师生行为	教师行为意图
组织教学，导入新课	**师**：同学们，大家好！ 有一部电影叫《流浪地球》，同学们有没有看过呢，我们可以一起看一小段。 这部电影是改编自刘慈欣的同名小说《流浪地球》，讲述的是太阳会毁灭，地球为了生存要去流浪。我们学的课文《带上她的眼睛》也是刘慈欣的作品，他是一位出色的科幻小说作家，为我们展示了一个又一个神奇的世界。对科幻有兴趣的同学可以去阅读他的作品。	用电影导入课堂内容，引起学生的兴趣，提高学生的注意力。
讲解新内容	**师**：在学完《带上她的眼睛》之后，有同学觉得故事的结局充满了遗憾，她用自己的笔为故事续写了另一种结局。我们一起来看一下。	

教学内容	师生行为	教师行为意图
讲解 新内容	**《带上她的眼睛》续写** 　　　　深圳市福田区外国语学校　蒙思竹 　　距离"落日六号"失事已经十四年了，如今，"落日二十号"已经研制成功。这是一艘可以安全潜入地心的飞船。我很荣幸成为"落日二十号"的领航员，我的任务是营救"落日六号"领航员并潜入地心深处进行地心物质的标本采集。 　　今天是我启航的日子。我走进飞船，在控制舱坐下。随着我的操控，"落日二十号"缓缓潜入地心。我开始用智能传感眼睛与"落日六号"的领航员联系，这名小姑娘带着激动的心情告诉了我她的坐标位置。一小时后，"落日二十号"与"落日六号"终于对接上了。 　　小姑娘在这十四年里，第一次走出她那闷热的控制舱，蹦蹦跳跳地飞进了"落日二十号"。 　　"好凉快啊！"她感叹着，我便告诉她"落日二十号"与其他飞船的材质不同，这种材料足以抵挡地心的高温，并且这里还安装有将热能转化为冷气的系统。我还带她参观了宽敞的控制舱、娱乐室、餐厅等。小姑娘放松地躺在了控制舱的副座上，不一会儿就睡着了。我看着她不免有些心酸：她为人类做了多少贡献啊，在那闷热的舱室里居住了那么多年……想到这，我的眼中聚满了泪水，我转过头去，控制着"落日二十号"去采集标本。	通过学生续写的故事引导同学们对文章进行更深入地讨论，可以是故事本身，也可以从精神、文学等角度展开讨论。

续表

教学内容	师生行为	教师行为意图
讲解 新内容	几个小时过去了,"落日二十号"返回了地面。我们降落的地点就是我曾带着她的眼睛游览过的大草原。 "我们到地面了,"我叫着她,"小花,小草,草原的风……"小姑娘慢慢地走出飞船,张开双臂,她的头发随风飘起。我在她背后笑着,她终于可以用她真实的躯体拥抱这美丽的、许久未逢的世界了。 **师**：同学们阅读完这篇续写,结合课文原文谈谈你的感受。 **生1**：可以说弥补了我阅读课文时的遗憾,当时读课文时,看到"落日六号"的宇航员要在飞船上度过自己的余生,我很难受,在续写的文章里,她被救出来了,我很开心。 **生2**：课文中重点写了"我"带上她的眼睛去草原的场景,可以看出她非常喜欢草原,而她被救出来后降落的地点恰巧就是曾经去过的草原,续写构思得很巧妙。 **生3**：我觉得续写的同学很细心,课文里写到"落日六号"的太空舱封闭、闷热,带着她的眼睛去草原的时候,她就特别喜欢草原上的风。续写里就特意写了"落日二十号"可以抵御地心的高温,有制冷系统。 …… **师**：同学们分享得很好,除了从故事结局去比较之外,还能关注到细节,这一点非常值得肯定。	

续表

教学内容	师生行为	教师行为意图
讲解新内容	谈到故事结局,同学们希望这篇续写成为故事的真正结局吗?"一千个人心中有一千个哈姆雷特",大家也可以谈谈你希望的结局是什么样的。 生1:我觉得她续写得挺好的,我愿意让这个结局成为故事真的结局,"落日六号"的宇航员回到地球,开始新的生活。 生2:如果我写的话,我的续写应该不是这样的,她续写得太顺利、太圆满了,不太符合地心探险的艰辛。要我写的话"落日六号"的宇航员还是会被救出来,但是会经历一些磨难,什么磨难我暂时还没想到。 生3:我写的话可能会从"落日六号"的领航员本身出发,某一天她发现了一个什么变化或者契机,自己回到了地球。我比较喜欢自立自强。 生4:我的故事设定可能就是地面,也就是航空中心在一直想方设法地救她,但是最后失败了。虽然结局是悲伤的,但我想突出这种锲而不舍、命运与共、不放弃任何一个人的精神。 生5:我的故事也是一个悲剧,不过我不打算改变故事的原有结局,飞船上的生命循环系统能够运行50至80年,而她的生命就会在系统不能运行的时候结束,我会以日记体的形式写她在这段时光的所思、所想、所见、所闻。 ……	通过阅读别人为故事书写的结局,引导学生思考如果换作是你,故事又是什么样的,激发学生的想象力和创造力。

续表

教学内容	师生行为	教师行为意图
讲解新内容	**师**：好的文章能够激发人的情感，引起共鸣。通过大家踊跃地发言，可以看出无论是课文原文还是同学的续写都引发了同学们很多感悟。 不同的角度会有不同的故事，同学们从课文的结局出发展开想象，创造了一个新的故事。 现在同学们以小组为单位，再一次快速地浏览课文原文，看看还有哪些地方或者哪个点能够让你展开联想和想象，创作出一篇新的文章。 **生1**："落日一号"潜入地层的时候留下了一个岩浆小湖泊，文章里写到了"落日六号"，我觉得"落日工程"还会继续，可以写"落日工程"每次潜入地心的时候，都会在地面留下什么。 **生2**：文章里写"落日六号"误入了地核区域，而地核区域是液态的，那肯定还有其他区域是其他形态的，就可以写"落日工程"在其他区域的事情。 **师**：大家还记得《带上她的眼睛》这篇文章是什么类型的吗？ **生**：科幻文。 **师**：是的，是科幻文。这类文章是由想象创造的，但又并非毫无逻辑，而是将科学与幻想相结合创造的一个看似奇异却又合理的世界。"地核"这一概念可能就牵扯到了一些地理知识，同学们可以通过一个图示简单了解一下地球内部。	很多同学十分畏惧这类想象作文，不知道要写什么，总觉得那是自己不了解的世界，无话可说。 该环节旨在引导学生如何发挥想象，让同学们明白发挥想象并不难，如果实在不知道写什么，也可以从我们已知的某一细节出发，展开联想。 适当加入文章类型的介绍，让学生明白科幻文并非天马行空的想象，而是有一定的科学知识为依据，更好地领悟"合理想象"。同时，对于学生阅读其他科幻作品也有所帮助。

续表

教学内容	师生行为	教师行为意图
讲解 新内容	（图示：地球内部结构，标注地壳、地幔、外核、内核） 　　大家可以看到，地核又包括内核、外核，到地核就非常接近地心了，这也是课文中说"落日六号"的领航员到达地核是第一个到达地心的人的原因了。 　　这也是科幻文的一大特色，有幻想也有科学知识。因此，学习好科学知识更有利于大家合理地展开对地球内部、太空、深海等那些未知领域的想象。 　　生1：带着一双眼睛去旅行，那是不是也可以带着一双手？带眼睛是戴传感眼镜，带手可能要戴传感手套，在旅行中所有的活都不用我自己去干了。或者带着她的意识，我的意识和她的意识同时存在，在遇到一件事情的时候意见不同，互相辩驳应该也挺有趣的。 　　生2：地球内部温度很高，没有空气，那可以想象飞船要具备哪些条件才能达到地心，在通往地心的路途上会看到什么风景。 　　……	虽然是地理知识，但还是要给学生简单讲解，打破学科壁垒，拓宽学生学习内容的广度。

语文不器：拓展的语文教学

续表

教学内容	师生行为	教师行为意图
讲解新内容	**师**：同学们的想象力真的很丰富，脑海里的构想很重要，用笔、用语言有条理地书写、描绘你的构想也很重要。现在给大家10分钟的时间，同学们可以简单列一下提纲。	让同学们列提纲，构建一个大概的框架，让之后的写作能够条理清晰。
课堂小结	今天我们以《带上她的眼睛》这篇课文为切入点，让同学们展开想象，或是为故事续写结局，或是从某一个细节出发构建一个新的故事。通过同学们的分享，我发现在大家的眼中，我们脚踩着的这片土地之下的故事是如此精彩，期待同学们作文的成品哦。	
课后作业	除了脚下的土地，我们头顶的天空也一定充满了故事。 不知道当你们仰望星空的时候，可曾想过，那数万米高空之上是什么？当你们漫步海边时，可曾好奇湛蓝的海水之下的世界是什么样的？ 本单元我们除了学习了《带上她的眼睛》这篇文章去探索地下的世界，还学习了《伟大的悲剧》《太空一日》等课文，领略了太空的风采。在假期也让同学们去读了《海底两万里》这本书，领略了凡尔纳笔下的深海世界。 但我想对于地球内部、对于太空、对于深海、对于那些未知的世界，每个人都充满了遐想。	作业依然是从"大语文"教学和学生语文核心素养的培养出发。 本节课在课堂上主要是激发学生的想象力和创造力，课后作业就是让同学们发挥想象写一篇作文。

续表

教学内容	师生行为	教师行为意图
课后作业	今天的作业就要求同学们为写作插上想象的翅膀，题目自拟，可以是我们刚刚以《带上她的眼睛》这篇文章为基础讨论的内容，也可以是对于太空或者深海的想象。 下节课我们将通过互评互改的方式一起来领略你们笔下那个光怪陆离的世界。	具体的讲评则安排在下一节课，小组之间互相评改，包括作文的立意、结构、语句、汉字等各个方面，营造良好的生生之间相互学习的氛围。

唤醒想象力，开启创作之门

写作的过程是一个意义建构的过程，是由深层结构到表层结构的过程[1]。这里所说的深层结构是指语言的意义，表层结构则是指语言的形式（包括语音形式、文字形式等）。当前学生的写作困境并非单单是怎么写的问题，还有很多学生不知道写什么。梁晓声先生说，想象力是人的天赋，无论现实想象力还是超现实想象力对于学生而言都是宝贵的，我们不该遏制。[2] 教师也不妨从想象力入手，为学生的作文提供素材，让学生拥有更多"话语动机""思想的起点"，即写作内容，从而激发学生创作的欲望。

1. 视觉感知，激发想象

著名教育家、心理学家赫尔巴特曾提到思维训练的一条主线，即"明

---

[1] 卢利亚.神经语言学［M］.赵吉生，卫志强，译.北京：北京大学出版社，1987：1.
[2] 梁晓声.梁晓声谈作文想象力：脑洞就是这样打开的［M］.北京：现代出版社，2020：146.

了——联想——系统——方法"[①]。"明了、联想"就是说在了解个别事物之后，会将新事物与之前的事物联系起来或者说联想出新的事物。《流浪地球》和《带上她的眼睛》都是刘慈欣经典的科幻作品，学习完课文之后同学们透过文字领略了作者笔下科幻的世界，再节选电影《流浪地球》的片段给予学生具体的视觉感知，进一步激发学生的想象力，为学生提供更多的"话语动机"。

2. 从联想到想象，从合理到合情

无论是课文还是电影都能让学生产生联想，激发学生的想象力和创造力。在学完课文之后，有同学深受触动，对故事进行续写，也为故事补充了一个更加美好的结局。该篇续写想象合理，结局美好，在让同学们分享对于这篇续写的看法时，学生从情感、构思、细节等不同角度切入，进行交流、互动。当然，在这一环节中也让学生思考还可以从哪些角度展开联想或想象进行创作，对于这个问题学生既可以从课本出发也可以脱离课本，既可以是"合理"的联想，也可以是天马行空的想象，"合理"不再重要，只要符合正确的价值判断，有利于促进学生思维的发展、人格的形成的想象都应该被鼓励，即"想象合情"即可。

3. 打破学科界限，扩充知识积累

《语文课程标准》设置了综合性学习板块，并提倡与其他课程相结合，开展跨领域学习。无论是历史知识、地理知识，还是其他学科的知识，只要能为语文教学服务，就可以纳入语文课堂。语文本身就不是"小"的，它的内涵与外延是整个生活、人生，甚至是整个世界，因此，我们要在"大语文"的理念下进行语文教学。

4. 文字承载想象，语用与思维共同发展

学生脑海中的想象可能是一帧帧画面、一个个片段，只有用语言表达出来，这些想象才是具体的、可视的，甚至是可以不断完善的。因

---

① 孙娟.思维发展与提升的实施路径[J].教育，2019(36)：43-44.

第二部分　语文不器：教学案例

此,可以让文字承载想象,让学生在写作中提升想象思维能力。另外,语言的建构与应用能力的培养是语文教学的基本目标,促进学生语用能力的提升需要让学生多说、多写、多练。本节课的作业是让学生发挥想象力写一篇作文,旨在促进学生思维能力的发展,同时促进语用能力的提升。

如果说身体的力量是第一种力量,知识是第二种力量,那么想象力就是孩子的第三种力量。[①]创造契机、提供情境,唤醒学生的想象力、创造力,为写作插上想象的翅膀,让学生在写作中提升思维能力与语用能力。

>> 观课语:

辽宁省营口市第二十九中学张彬彬老师:可用几个词概括此节课:激活、打破、开放。教师以一个学生续写的结尾为授课切入点,充分激活了学生的思维,其想象或合情或合理;教学过程中在语文知识之外融入了地理知识,学科之间界限的打破让想象有了更多的可能;由想象输入,带想象输出,课堂因开放而呈现出更丰富的层次、更深邃的"景致"。整堂课的设计既有匠心,又重生成,想象之美可见,想象之果可期。

---

① 成尚荣.定义语文[M].上海:华东师范大学出版社,2017:93.

语文不器：拓展的语文教学

教学误区

名著导读课常常按照"作家简介、写作背景、故事梗概、人物分析、主题探究、写法总结"这样的常规内容安排，一节课看似都讲到了，实际上都没有讲透。尤其是调查学情的话，就会发现有些学生并没有完成读书作业。对于这部分学生来说，名著导读课的实效性更小。

课堂反馈

这样的名著导读课对于不爱读书的学生，阅读兴趣提升不大；对于爱读书的学生，一节面面俱到的导读课犹如隔靴搔痒——老师讲的内容大多是学生通过阅读已经知道的，或者自己也能总结出来的。

教学对策

有所取舍地选择每一本名著导读的侧重点，突出主问题。老师用主问题激发学生积极发言，在师生和谐、平等的对话中顺势引导学生深化认识、读透本质。即使是没有读过名著的同学也能记住课堂上探讨的情形，对名著的内容也一知半解。也许这一知半解成为他去读这本名著的理由。拓展时一方面联系现实思考，一方面联系其他同类文学作品思考，为爱读书的学生指明了深化阅读的路径。

下面的名著导读课例的主问题是梳理小人物的奋斗史。"祥子一生'三起三落'，'起'和'落'的标志是什么？""祥子的命运可以改变吗？结合结尾写的'个人主义的末路鬼'，谈谈你的看法。""书中的其他的小人物命运如何？"这三个问题能激发学生热烈的讨论。最后再引导学生联系其他书中的小人物，联系今天身边的小人物进行思考。

十、谈《骆驼祥子》知名著阅读：小人物的奋斗史

教材生长点

本课立足于七年级下册第三单元的名著导读部分，假期已经让学生阅读过这部书，课前又观看了电影。再通过课堂上的集中探讨学习，让学生有更深刻的思考、认识和感悟，从读书中获得对生活、人生的启示。

课文出处

《骆驼祥子》是现代作家老舍的代表作，也是他自己非常喜爱的作品。小说描写了一个普通人力车夫的一生，反映了一个有良知的作家对底层劳动人民生存状况的关注和同情。

——七年级下册名著导读《骆驼祥子》

教学过程

教学内容	师生行为	教师行为意图
组织教学，导入新课	**师**：同学们，大家好！《骆驼祥子》大家读完了吗？ **生1**：读完了。 **生2**：没读完。 **师**：那没读完的同学有没有观看《骆驼祥子》这部电影？ **生**：看了。 **师**：好的，无论是读完了整本书，还是没读完看了电影都可以，说明同学们对《骆驼祥子》都有所了解了，今天就让我们一起走近祥子，感受以祥子为代表的小人物的一生。	《骆驼祥子》是一部长篇小说，阅读起来需要花费一定的时间和精力。但是学生的阅读速度、阅读安排不同，就可能出现有的同学已经读完了，有的同学只读了一部分的情况。为了

续表

教学内容	师生行为	教师行为意图
组织教学，导入新课	希望大家能够大胆发言，积极探讨，相信同学们通过课堂交流会对这本书有更深刻的认识。	让每个同学都能够参与到课堂讨论中，可以在课前让未读完的学生观看电影。
思考探究	师：既然同学们都读过这本书或是看过电影，那大家就先简单交流一下读后感。 生1：我觉得祥子运气不好，每次有自己的一辆车时，总会遇到莫名其妙的事情，然后失去自己的车。 生2：与其说祥子运气不好，不如说生活的时代不好，如果生活在一个比较好的时代，他买的第一辆车就不会无缘无故地被大兵扣下，说不定真的可以凭借自己的踏实劳动开车厂。 生3：这本书里让我印象最深刻的一个人是小福子，小福子善良、坚强，为了养活弟弟不得不出卖肉体，她本人是无法忍受娼妓生活的，最后也因为这个选择了上吊，可见她的生活真的非常悲惨。 生4：我印象比较深刻的是虎妞，她这个人非常不讨喜，长得不好看、年龄大，还有心机，骗祥子说怀孕，然后嫁给祥子。但是想想虎妞也很可怜，一直被自己的父亲剥削，作为刘四爷唯一的女儿，以为可以继承车厂，结果他爸爸把车厂卖了也没给她什么。可以说她一生都在为父亲工作，结果到头来什么也没有，亲情淡薄。	这属于开放性问题，基本上每个学生都有话可说，既可以快速调动课堂氛围，也能大概了解学生的阅读情况。

续表

教学内容	师生行为	教师行为意图
思考探究	**生5**：我印象最深刻的地方是祥子前后的对比，在最开始的时候，他从农村到城市，充满了梦想，以为可以靠自己一身的力气混出个样子，即使屡受打击他都没有放弃，但是最后却染了病，吃喝嫖赌、捡烟头，靠在红白喜事上打杂工为生。 …… **师**：同学们说得很好，看来大家书读得很认真。小说的三要素是人物、故事情节、环境，其实同学们的分享也是从这三要素出发的。 **生**：人物和故事情节很明显，但是没有环境。 **师**：环境其实也是有的，环境包括自然环境和社会环境，自然环境就是天气、周围的景色等；社会环境就是同学们刚刚提到的时代背景。基本上从这三点出发去阅读小说是会有一个较为全面、深刻的解读的。 祥子是本书的主人公，今天我们就看看祥子的一生。祥子代表着那个时代的小人物，他的一生"三起三落"。其实在同学们刚刚的分享中已经提到了一些。 同学们觉得祥子的"起"和"落"的标志是什么？给大家一点提示，祥子一直想要拥有什么，又总是在失去什么？ **生**：车，祥子一直想要有一辆自己的黄包车。 **师**：是的，就是车，我们以车为界限，把他拥有自己的车看作"起"，失去看作"落"。	自然而然地插入小说三要素等知识，让学生在今后阅读小说时能够有侧重点地去思考、关注一些问题。

续表

教学内容	师生行为	教师行为意图
思考探究	我们一起梳理一下"三起三落"具体是指什么。 　　生：一直拉车，攒了100块钱，终于买了一辆自己的车。 　　师：很好。同学们回忆一下，这时祥子的心情如何？ 　　生：祥子很开心，觉得自己充满了干劲，甚至觉得自己以后能开车厂。 　　师：是的，这是祥子靠着自己的踏实劳动拥有的第一辆车，他对生活以及未来充满了希望。那哪位同学还记得他是如何失去车的，也就是他第一次"落"是因为什么？ 　　生：有一个人要去清华园，给他两块钱，结果他连人带车都被抓了。 　　师：不错，一个纯朴的年轻人因为想多挣点钱却丢失了自己的车，梦想第一次破灭。不过他趁乱逃了出来，还牵走了三头骆驼。说到这里同学们想起来祥子为什么叫"骆驼祥子"了吗？ 　　生：他逃出来后在一家店睡着了，睡梦中一直在说骆驼、骆驼，从这以后人们就叫他骆驼祥子。 　　师：对，他因此被称为"骆驼祥子"。现在他的车没有了，祥子的感受如何，他的生活又发生了怎样的变化呢？ 　　生1：祥子感觉很苦闷，但是他没有放弃自己买车的梦想，又回到了刘四爷的车厂，继续拉车，觉得自己加上卖骆驼的钱，最多两年，就又能买车了。于是，他继续攒钱为买下一辆车做准备。	带领学生梳理主要故事情节，引导学生在这一过程中进行更深入地思考。

第二部分　语文不器：教学案例

续表

教学内容	师生行为	教师行为意图
思考探究	生2：有人找他包月拉车，他把钱存在存钱罐里，但是最后又遇上孙侦探，说如果祥子想保命就把钱给他，就这样祥子失去了买车的钱。 生3：他是去给曹先生拉包月，曹先生一家对他很好，但是有人要抓曹先生，曹先生逃走了，那个侦探就让祥子花钱买命。 师：同学们对故事情节记得非常清晰。祥子没了买车的钱，梦想又一次破灭了，这可以说是祥子的第二次"起"和"落"。接下来呢？ 生1：祥子又回到了车厂，继续攒钱买车。但是他还没有来得及攒够钱就被虎妞算计了，虎妞要和祥子结婚。不过虎妞在结婚后用她的钱给祥子买了一辆车。 生2：虎妞还让刘四爷认祥子为干儿子，刘四爷同意了，但是却瞧不起祥子一个拉车的，虎妞和刘四爷也决裂了。 师：看来同学们书读得很认真，情节梳理得十分准确。的确，祥子的第二辆车是虎妞买的，这时候他也觉得娶了虎妞还是有点好处的。这是祥子的第三次"起"，那"落"呢？ 生1：第三次"起"是因为虎妞，第三次"落"也是因为虎妞，虎妞年纪大了，还好吃懒做，难产死了，祥子不得不卖掉车给虎妞办葬礼。 生2：这个时候其实我挺希望祥子和小福子在一起，但是因为祥子没有能力负担小福子的酒鬼父亲以及她的两个弟弟，所以只能自己离开，让小福子等他。	

续表

教学内容	师生行为	教师行为意图
思考探究	**生3**：这次"落"，祥子就彻底地"落"了下去。他的希望破灭了，因为后来回去发现小福子吊死了，所以他无法再燃起斗志，觉得自己再怎么努力都没有用。 **师**：对于"三起三落"我们梳理完了，在小说的结尾，作者这样写道：体面的，要强的，好梦想的，利己的，个人的，健壮的，伟大的，祥子，不知陪着人家送了多少回殡；不知道何时何地会埋起他自己来，埋起这堕落的，自私的，不幸的，社会病胎里的产儿，个人主义的末路鬼。对于祥子坎坷的一生同学们有什么看法，或者同学们觉得祥子的命运可以改变吗？ **生1**：祥子的一生非常让人同情，但是我觉得在那个时代他的命运是无法改变的，除非从一开始就能避免不幸。 **生2**：我觉得即使从开始避免了不幸，他的命运也无法改变，即使没有遇到大兵，车不被抢走，在之后也可能遇到这样那样的事情，说不定最终还是会变得堕落。 **生3**：我觉得祥子是生不逢时，如果在今天这样一个和平稳定的时代，祥子这样一个拥有梦想又愿意为了梦想不断努力的人一定会有一个好的结局。 **生4**：我觉得祥子的结局是有可能改变的，他对生活的希望彻底破灭，是去找小福子，发现她上吊自杀后。在这之前他遇到了曹先生，曹先生同意祥子继续拉包月，甚至愿意留一间房子给祥子和小福子住。祥子兴	梳理完大概情节之后，让同学们各抒己见谈谈对故事结局的看法。 小说原文的引入一定程度上也是在为学生的思考提供启示。如祥子从什么样变成了什么样，为什么会变成这样。

第二部分 语文不器：教学案例

续表

教学内容	师生行为	教师行为意图
思考探究	奋地去找小福子，这说明他对生活还是充满希望的。如果在虎妞死后，祥子就和小福子在一起，他们的生活可能会很艰难，但我觉得祥子最终无论如何也不会堕落成那样。 生5：和时代有关系，但是不能完全归结为时代。我觉得祥子不仅是那个时代奋斗的小人物的代表，也可以看作每个时代奋斗的小人物的代表。祥子从农村来到北平，想在大城市里有一个好的生活，和今天的北漂、深漂是一样的，大家都身怀梦想，不过有的人的梦想实现了，有的人的梦想破灭了。 …… 师：有人觉得祥子的命运可以改变，不过大多数同学似乎更倾向于不可以改变。作者说到了一个"个人主义的末路鬼"，同学们能不能结合这一点，谈谈你的看法。 生1：祥子一直是自己奋斗，没有将自己放在某一集体中，所以难以成功。 生2：与个人主义相对的是集体主义，作者是不是说光靠自己是不行的，再结合当时的时代，中国还没有解放，在暗示人们要解放中国必须要团结起来。 生3：即使到了今天，一个人的力量也是有限的，有一个优秀的集体和强大的祖国对个人的发展至关重要。 …… 师：是的，同学们的解读越来越有深度了。"一滴水只有放进大海里才永不会干涸，一个人只有当他把自己和集体事业融合在一	引导学生结合时代背景进行更深入地思考。 语文课具有培养学生价值观、提升精神素

续表

教学内容	师生行为	教师行为意图
思考探究	起才能最有力量"。所以，同学们要能看到集体的力量，无论在学习还是活动中都要团结协作，取长补短，这样才能获得更大的进步。 　　刚刚同学们都或多或少地提到了时代的原因，有的同学认为只要某些事情发生一点儿改变，比如说虎妞死后祥子就和小福子在一起，或者在一开始的时候就不拉那个要去清华园的学生，祥子的命运可能就会发生改变。而有的同学则认为无论如何，祥子的命运都不会改变。 　　那我们不妨来看看书中的其他的小人物，他们的命运又如何呢？在那个时代下有没有人可以有一个好的结果呢？同学们可以分享交流一下。 　　**生1**：我觉得书里的其他小人物也没有好的结果，尤其是小福子，没遇到祥子之前，因为酒鬼父亲和两个年幼的弟弟，迫于生计只能出卖肉体。即使遇到了祥子，祥子将她从这样的家庭中解救出来，貌似她应该有一个好的结果，但仍然可悲，可悲的是，在这样的时代她无法自救，始终要依附些别的什么。 　　**师**：这位同学看得很深刻，人物好的命运不仅仅局限于物质层面，还在于个体的独立性。 　　**生2**：我觉得虎妞也很可悲，做女儿时没有从父亲那里获得父爱；做妻子时，丈夫祥子也没有那么爱她。最后，甚至没来得及真正地成为一个母亲，就离开了这个世界。	养的任务，因此教师要潜移默化地引导学生树立正确的价值观。

第二部分　语文不器：教学案例

续表

教学内容	师生行为	教师行为意图
思考探究	师：这位同学看问题非常全面，有些读者因为虎妞算计祥子，而且虎妞长得也不是那么好看，像个大黑塔，所以觉得虎妞这个人物并不是特别讨读者喜欢，但这位同学却看到了虎妞身上的悲剧性。 生3：虎妞她爸也不讨喜。 师：是的，刘四爷也不讨喜，可能好感度还不如虎妞。那我们不妨也探讨一下他身上有没有悲剧性。 生4：刘四爷当过兵，开过赌场，打过架，抢劫过良家妇女，刻薄、吝啬，但也有胆量、有谋略，最后因为不想将自己奋斗一生的产业拱手让人，与女儿断绝关系。对于财产过于在意，甚至忽略了亲情，最后连女儿埋在哪里也不知道，所以我觉得他也是可悲的。 …… 师：感谢各位同学的分享，其实在我们今天也有很多小人物，大家可以结合当今社会的一些例子，或者你身边的小人物奋斗的故事，谈谈今天的小人物和祥子那个时代的小人物有何不同，尤其是在人物命运方面。 生1：我爸爸有一个朋友，是开饭馆的，在我小时候他们家还只是一个小店，但现在在我们老家那边已经有分店了。 师：是的，在今天基本上只要踏实劳动，诚信经营，就可以勤劳致富。卖饭的饭好吃、分量足，卖水果的水果新鲜、价格公道，一般都能使日子越过越好。当然，你要有更好的创意、点子，那可能会获得巨大的成功。	

续表

教学内容	师生行为	教师行为意图
思考探究	生2：我爷爷家是农村的，爷爷不到20岁就出来打工，在建筑工地当小工，后来爷爷就开始包工程，家里的日子也过得越来越好了。 生3：我想说我妈妈，我妈妈也有两个弟弟，她是家里的老大，很早就辍学打工，供弟弟上学，当时和别人学做蛋糕，后来就开了自己的蛋糕店，两个舅舅大学毕业后也找了不错的工作。可以说妈妈不仅养活了自己，还供弟弟上学，是很厉害的一个女性。 …… 师：感谢同学们的分享，通过和祥子所在的那个时代相比，我们能够生活在今天这个时代是幸运的，可以说通过劳动、智慧等我们就能够获得幸福。 有很多人从僻远的家乡走到城市，成为优秀的律师、工程师、医生，当然还有人民教师，同样也有很多人从城市走向乡村，开展绿色农业，特色种植，他们不仅获得了个体的幸福、成功，也在反哺社会，铸就更好的时代。 因此，时代与个人息息相关。	
课堂小结	祥子作为一个小人物，为了买车这个朴实的梦想不断奋斗，可能生不逢时，或者只是运气不好，攒钱、买车、卖车……是祥子的奋斗、挣扎。我们要学习祥子为了目标、梦想不断努力、奋斗的拼劲，也要避免自己像祥子一样在生活的重压下选择了屈服，最终变成了当初自己厌恶的人。 经过刚刚的探讨，个人命运与时代息息相关应该已经是大家的一个共识了。另外，	

第二部分 语文不器：教学案例

续表

教学内容	师生行为	教师行为意图
课堂小结	我建议同学们多读读文学作品，历史书是对时代的概括介绍，而文学作品则更多地体现了对个体、个人，一些小人物的关注，如《骆驼祥子》里的祥子、虎妞、刘四爷，《茶馆》里的王利发、常四爷，《呼兰河传》中在东二道街、西二道街、小胡同里生活的那些人等等。 而这些人的生活可能就是那个时代的某些人的真实生活，当然同学们也可以结合对这个时代的了解，更进一步地感受个体命运与时代的关系。	
课后作业	刚刚提到小说三要素：环境、人物、故事情节。这本书里每一个人物都很鲜活、饱满，本节课我们主要探讨了祥子的起起落落，相信同学们对故事里的其他人物也印象深刻。本次的课后作业有两种，同学们任选其一即可。 一是"我眼中的×××"，比如说：虎妞、刘四爷、小福子等都可以，选择某一人物进行剖析。 二是"我是×××"，任意选择一个人物，这个选择范围比较广，可以是祥子、虎妞等主要人物，也可以是曹先生、夏太太，甚至是刘四爷车厂另一位拉车的都可以。 同学们，打开思维，合理想象，如果你是他们你会怎么做，故事又会如何发展呢？	作业依然是从"大语文"教学和学生语文核心素养的培养出发。 本次给出两种作业，一是分析人物，让同学们通过对小说人物的剖析对小说有更深刻的认识。二是让学生想象如果自己身在其中又会如何做。该作业更有利于让学生和小说中的人物产生共情，同时也有利于激发学生的思维力和创造力。

语文不器：拓展的语文教学

阅读与研读

《骆驼祥子》是老舍先生的经典之作，本节课带领学生细读、研读文本，希望能够帮助学生打开阅读的大门，让学生在阅读经典之作的过程中感悟和思考奋斗、梦想、人生等内容，并能够在这一过程中获得启迪。

1. "牛嚼"与"鲸吞"

著名作家秦牧曾提出过两种阅读方法："牛嚼"和"鲸吞"。"牛嚼"是指精读，因为牛在吃完草后会"反刍"，将咽下去的东西再反复咀嚼，如果读书时能够对所读内容反复阅读，不断思考，就是精读。而"鲸吞"则恰恰相反，鲸一张嘴，鱼、虾统统进入嘴里，正如阅读中的泛读一般。对于学生而言，阅读既需要"牛嚼"又需要"鲸吞"。

《骆驼祥子》这本书在暑假就布置给学生了，要求学生在阅读中圈点勾画、写读书笔记、读后感等，是希望学生能够"牛嚼"，有的学生完成得很好，有的学生没有养成很好的阅读习惯和学习习惯，作业甚至会存在弄虚作假的问题。因此，在本节课前让学生们观看电影《骆驼祥子》，这样即使有部分学生没有认真地去读书、完成作业，但是也会了解小说的基本情节，不会出现无法融入课堂的情况。

2. 开放式提问，激发讨论

在经过简单地组织教学与导入之后，给出一个开放性问题，即让学生们谈读完书或者看过电影后的感悟，这样每个学生都有话可说，无论是谈故事情节还是谈人物，或者是自己的思考都可以，这个问题的提出旨在激发学生的讨论，让他们能够主动分享、开口交流。

3. 梳理故事，思考感悟

环境、人物、故事情节是小说的三要素，对于小说中的环境描写大多数学生在阅读时不会注意，对人物和故事情节的印象较为深刻，但是学生也不会主动去分析人物形象。对此，教师不妨从学生最感兴趣以及印象最深刻的故事情节出发，带领学生梳理情节，在梳理的过程中去思考、去感悟。大多数作品对于人物的塑造是通过事件来完成的，而在小说中这些事件往往又是故事情节，因此，也可以在梳理中引导学生分析人物形象。

4. 小处着眼，细读文本

梳理完祥子的"三起三落"之后，给出文章结尾的一段话，让学生谈自己的看法，这段话可以说是老舍先生对自己笔下的人物形象的一个凝练总结，也是对故事情节的高度概括。启发学生从这一段话出发谈自己的看法，并引导学生结合小说创作背景、作者等多个因素去分析。旨在教会学生，能够从小处着眼，细读文本，从而有更多的思考。

5. 深入思考，研读文本

本次作业分为两种，学生任选其一即可。一是让学生任选小说中的一个人物，以"我眼中的×××"为题，写一篇作文，看似是单纯地对小说中的人物形象进行分析，实则不然，这次作业是希望学生在分析人物时能有自己的思考、见解，进行个性化地解读，研读文本。成尚荣先生说，研读是一种综合性的研究活动，要以本为本，也要介入自己的理念、经验和见解，进行个性化研究。① 所以，在阅读中也要重视对文本的研读，重视学生的个性化解读。

二是以"我是×××"为题写一篇作文，相较上一作业而言，该作业会给学生更多的想象空间，学生甚至可以为书中的人物改写命运，跟随自己的主观情感去创作，有利于激发学生的想象力、思维力。

总之，对于阅读而言，"牛嚼"和"鲸吞"两者缺一不可，广泛、大量地阅读能够开阔学生的视野、激活学生的思维，对学生的写作也有明显的帮助。但是，能够启迪人生的、经典的、优秀的书籍需要"牛嚼"，阅

---

① 成尚荣.定义语文［M］.上海：华东师范大学出版社，2017：91.

> 语文不器：拓展的语文教学

读、细读、研读文本，让学生在读书中有更深刻的思考，从而促进语文综合素养的养成以及完善人格的形成。

>> 观课语：

江苏昆山青阳港实验学校徐德湖老师：《骆驼祥子》导读设计环节紧凑，逐步深入，切中肯綮，显得十分精致。基于学情交流初读体验，可以丰富学生的感受，激发共鸣。分析祥子"三起三落"，整体把握住了主要情节。探究祥子悲剧命运的根源，领略了小说主旨，逼近了小说底层意蕴。还用书中其他小人物的命运，作证祥子悲剧命运的社会根源，并引导学生联系现实生活，在对比中加深认识。总结时推荐了其他文学作品中的小人物，提供了类文课外阅读的方向。课后的两道开放性作业，可以拓宽学生的主题视域，感受小说渲染主旨的艺术。

第三部分

语文不器：教学札记

　　语文不器教学理念的提出，离不开二十多年的语文教学实践与研究。本书的第三部分辑录的九篇教学研究札记，是笔者在教学实践与研究中的思考。从内容上来说，分别谈了语文教学思路、语文课堂教学以及写作教学。其中七篇是已经发表在《中学语文教学》《中学语文教学参考》《人民教育》等刊物的论文，一篇是市级教师培训会的发言，一篇是日常教学总结式随笔。这些教学札记的共同点有二：一是在提纲挈领的教育理论论述中，都有丰富的教学案例作例证；二是都体现着语文教学的拓展性、开放性、探究性，强调思维力、想象力的培养，体现了语文不器的教学理念。

一、谈谈教学思路

立足文本　关注学情　构建幸福语文课堂

《语文课程标准》对语文课程性质的定义是:"语文课程是一门学习语言文字运用的综合性、实践性课程。"如何贯彻这里的"综合性""实践性"？备课时，我考虑了四个因素：

1. 课程目标，它告诉我们应该教什么；
2. 文本特征，它告诉我们能够教什么；
3. 学生需要，它告诉我们学生想要学什么；
4. 教学需要，它告诉我们学生怎么学习。

简而言之，关键是要立足文本，关注学情，构建幸福语文课堂。

下面，我谈谈几点具体的做法。

1. 根据文本选方式，让学生感觉语文好学

以七上第一、三单元为例，根据文本特质不同，选择不同的学习方式。

文本特质：文章无论是散文，如《散步》《春》等，还是记叙文，如《羚羊木雕》等，或者是诗歌，如《秋天》《金色花》《荷叶母亲》等，都非常适合朗读。

学情：学生刚升入初一，彼此不熟悉、不了解，需要平台，快速熟悉彼此。

学习方式：以朗读为突破口，组织了两次朗诵比赛。

	时间	选文要求	评分规则	参赛队形成	评委	推进措施	作业
第一次	第三周进行，提前两周告评学生。	一篇课内（第一单元课文选段）一篇课外（亲情文章）。	从精神面貌、声音语调、感情与感染力、动作与配乐、团结协作五方面打分，有PPT或配乐的酌情加分。	以小组为单位，每个小组全员参加，可以安排领诵、轮诵、合诵等。可以有队形变化。	特聘年级特有朗诵特长的老师。	在课文的朗诵指导上多花时间，下载名家朗读录音录像给学生听、看，每节课上，为活动煽风点火，通报准备得好的小组的进展……	第一、二周基本不留书面作业，都是朗诵的作业，课堂上指导练习朗诵，回家读给父母听，家长签字。
第二次	第七周进行，提前两周告评学生。	一篇课内（第一单元课文选段）一篇课外（写景文章）。	增加脱稿的要求，必须有PPT或配乐。	自由组合，1-6人为一组，全班都要参加。	特邀有时间的家长自愿参加。	请年级里读得特别好的到各班示范。	第六、七周作业主要是朗读并背诵朗读材料，制作PPT。

语文不器：拓展的语文教学

学习效果：那两周里，仿佛到处都是朗诵的话题、朗诵的声音，学生们在准备朗诵比赛的热情里，感觉学习语文是快乐的。有家长发短信说：感谢老师的引导，孩子回家给我们有感情地读课文，读得真好。孩子以前从来不在家里大声读书，入中学后改变真大，感谢老师！

课后反思：十一二岁年纪的孩子最喜欢活动、喜欢有点小挑战、有点小展示，两次朗诵比赛迎合了学生的年龄特点，既把学生的朗诵功底打牢了，也让学生感受到了语文课的幸福。读好了，学生的语感就好了，学习语文的兴趣就有了。学生在朗读中感受语言魅力，在朗读中感悟文字意境。

当学生都觉得语文其实不难学的时候，语文就真的不难学了。

2. 赏识性评改作文，让学生感受作文好写

新课标明确要求写作教学要积极倡导学生结合生活实际和个性特长开展专题写作及随笔、日记等自由写作，主动为学生构建表达、交流与发表的平台，让学生体验到写作的成功与快乐，让写作成为学生的内在需要。所以，我逐渐培养学生每周写一篇的习惯。我也养成了每篇必改的习惯，批改时，我带着赏识的目光。这种赏识性批改作文，也是有缘由的。

刚送走一届初三学生，看惯了初三学生作文的教师，如果要挑刚从小学升入中学的学生作文的毛病，一挑一大堆。教学中我发现，无论教师的初衷是多么美好，无论教师评改得多么细致，挑毛病式批改作文的效果总是不佳。最终教师喊评改作文太累、太痛苦，学生愁作文到底该怎样写，越来越不会写、不敢写了。教师和学生从中都得不到幸福感，导致教师怕改作文、学生怕写作文。

我也经历过这样的阶段，为求突破，尝试了很多方法，最后发现赏识性评改作文法可以使师生都幸福起来。

每周末学生写的作文交上来后，我的主要任务就是"寻美"。我改作文，只找好段落、好句子、好词语。不写缺点，或者说我都不去想它有什么缺点。我在学生写的好词、好句子、好段落下画上红色的波浪线，上课时就把划波浪线的句子或者段落宣读出来，再大加赞美一番。一段日子之后，红色的波浪线越画越多，我课堂上读好句子的时间也越来越长。甚至有几次，一节课都用来读好句子了。起初我心中还有些担心，这样是不是太浪费课时了，后来，每当我宣布作文评讲课时听到同学们的欢呼声，以及考试中学生作文分数的进步时，我便打消了顾虑。再后来，陆续有家长向我讲述学生回家拿着画满红色波浪线的作文时兴奋的表现：有的给父母炫耀，有的盯着看不够，有的说从小到大都没受到过这么多的表扬、太幸福了，有的睡觉都要把本子放在枕边……家长们幸福的讲述也使我幸福起来。

另一方面，赏识性评改作文的工作效率也是很高的。用赏识性评改作文法比传统的面面俱到式的评改作文法用时要少很多，教师不用绞尽脑汁去想这篇文章的结构、章法有什么毛病，应该怎样去改。从这个意义上说，教师评改作文的幸福度也提升了。

《语文课程标准》关于初一年级作文学习的要求中强调，主动为学生构建表达、交流与发表的平台，让学生体验到写作的成功与快乐，让写作成为学生的内在需要。我想赏识性评改作文法就是通过赏析与宣读，给学生带来了成功与快乐，从而激发了学生写作的内在愿望。美国著名思想家、诗人爱默生说："一心向着自己目标前进的人，整个世界都会为他让路！"同样，一心想写作文，想写好作文的学生，一定会越写越好。

有的教师会担心，不指出学生作文篇章结构上的缺点，他能进步吗？其实我这里讲的赏识性作文评改法不是作文教学的全部，我还会定期开作文讲座课，专门讲文章的审题、构思、立意等知识。另外，我也很赞成孙绍振说的："如痴如醉的阅读和写作完全可以弥补课堂教学的不足。"[1]

还要指出一点，在使用赏识性评改作文法时，教师选的好词、好句、

---

[1] 孙绍振.中国基础教育的危机［J］.语文世界，2001，5.

好段要有示范性。多选细腻地描写心理、动作、语言、环境的句子，多选描写日常生活的段落。宣读的句子选得好，会起到很好的示范作用。切不可选假大空的排比句、堆砌华丽辞藻的生硬句等。

赏识使作文好写了，学生的语文学习就又多了一些幸福。

3. 坚持"我眼看世界"，让学生感到课堂好听

新课标强调口语交际教学，强调口语交际能力对于现代公民的重要性。我也深刻认识到"世界有多大，语文的外延就有多大"。

于是，我通过"我眼看世界"活动引导学生关注社会和自然，学会观察与思考，学会发现美、欣赏美、记录美。学生们非常喜欢，下面与大家分享我的具体做法。

每学期开学的第一周，几乎全部的语文课堂都用来进行"我眼看世界"活动，这已经成为我们年级的惯例。这一周的早读时间就领着学生读古文，每天的作业就是背默古文。

"我眼看世界"活动的主要内容就是学生分享假期见闻。我们在布置假期作业时就要求学生任选"读书篇""社会篇""旅游篇"三个系列中的一个，准备素材，制成 PPT（不少于 5 页，字号不小于 32 磅，注意背景色与字体的颜色和谐），在报到前发到老师的邮箱。一般七上开学，没有提前布置，只能通过播放以前学生在此活动中制作的精美 PPT，让学生对这个活动有初步了解；七下开学，班里会有一半左右的学生准备的较充分，另一半的学生持观望态度；当他们发现语文课上给每一个同学时间上台演讲，而不是抽部分人讲时，他们开始后悔没有好好准备，但是没有补救机会了，PPT 要提前发到老师邮箱，只能在介绍的语言上尽量丰富一些。我们还进行小组竞赛，老师会给每一个同学当场打分，最后算出得分最高的小组和个人，给予精神和物质的表彰。八上开学时，往往会有学生讲得意想不到的好。九上、九下更是如此。例如现在上八年级的谭小琳同学在七年级时羞涩地三言两语就结束了演讲，我觉得都有点听不清。今年她讲读书篇《巴黎圣母院》，她的幻灯片把书中的名句、电影中的相关镜

头链接起来，还比较了书与电影的异同，分析了人物的性格，剖析了作品的主题，讲得深入浅出，就连没有读过这本书的同学也被她讲懂了，令人拍案叫绝。下面我截取几个学生演讲的画面。

廖去非同学呈现了一幅幅青海草原风情图，真美。牛斜倚在半山腰憷适惬意地咀嚼着嘴里的草，它们在这宏阔的天地间品味着生活的滋味，生动、安详。廖去非仰视着望不到头的山腰，思索着另一半山的情形，想到了"适与野情惬"？后来她去了久负盛名的门源油菜花田，仿佛置身于一片金黄之中……眼前是一望无垠的花田，耳边是蜜蜂振翅的嗡嗡声，鼻尖是缭绕不散的清香……门源油菜花不愧为中国第二花海，久久沉浸在这美好之中，震撼内心，任由思绪飘渺纷飞于未然也不舍扯回。

高渝梦同学去了欧洲，她夜游塞纳河，在船上遥望埃菲尔铁塔，一会儿星光闪闪，一会儿五彩缤纷。更难忘的是桥上热情的人们，每经过一个桥下，桥上的人都会和她热情地挥手，与她对喊。法国人的放松、自由令人羡慕。卢浮宫里的各种雕塑，油画，水彩画，还有各种各样奇异的东西，特别是那镇宫三宝——《蒙娜丽莎的微笑》《维纳斯》《胜利女神》，令人着迷，这些不光是欧洲艺术的结晶，更是世界艺术的结晶。

乔子铭同学这个暑假跑去了普吉岛。在这个亚洲南端的小岛上，泰国人民为了生存与眼镜王蛇搏斗，只为了在危机四伏的森林中采集到新鲜的天然橡胶；他们在孤岛上与海浪做伴，只为获得不知去向的燕窝。在这座小岛上，乔子铭同学领略到的不是在珊瑚海中与热带鱼同行、在海滩上捉螃蟹的惬意，他领略到的是泰国人民与自然抗争的精神。

彭英康同学这个暑假去了西藏，到了布达拉宫。看到了三大圣湖，纳木错、羊卓雍错、玛旁雍错。纳木错是他曾见过的最清澈的湖水，湖边有不少野生的白牦牛悠然自得地嚼着草，怡然自乐。接着，他去了藏王松赞干布的出生地，藏王的朴素给他留下了深刻的印象。他还讲述了游珠穆朗玛峰的经历。

在这个活动中，每个学生用一份观察所得换回了几十份观察所得，用一份思考换回了几十份思考，就连我都能从每节课中收获很多资讯，更何况是学生。那段日子里，老师们还常在办公室交流各班演讲的精彩内容，特别精彩的演讲者还会被邀请到其他班里再讲一次。谭小琳就被要求到好几个班级巡回演讲，以前羞涩的她一下自信了很多。这个阶段的语文课当然是学生的最爱，下雨天体育课要在室内上时，学生会申请"能不能上语文课？"其他科老师不知情的，还很失落地说："唉，学生怎么不要求上我们的课。"

从八上开始，一周的时间就不够用了，第二周开始就会把"我眼看世界"活动变为课前演讲，每节课都有一个人讲，直到全班每个人都讲完为止。从学生们参与课堂的热情看，他们是幸福的。他们每天完成语文作业的热情高了起来，第一周背完了21课《桃花源记》、22课《陋室铭》《爱莲说》和25课《杜甫诗三首》，为后面的学习打好了基础。

开学第一个月（9月），我们完成了第五单元的学习，还进行了一课一测。回头看，第一周用于搞活动的时间并没有影响教学进度。道理很简单，第一周的活动就像老师领着学生逛乐园，学生感到幸福极了，后来，老师说咱不能因逛乐园掉队呀，跑起来好吗？反正有国庆7天假，大家可以休息一下。学生就幸福地在语文学习的大路上跑了起来。

徜徉在奇妙的大世界，学生在交流中感受到语文课堂是好听的、幸福的。

4. 常规中培养习惯，让学生感触作业好做

新课标要求减轻学生课业负担，我们如何减负又增效呢？我想到一句俗话"习惯成自然"，养成了好的学习习惯的学生，不知不觉就完成了语文作业；相反，没有好的学习习惯的学生，布置一点作业，他也嫌多，也有可能磨蹭到很晚。

为了让写语文作业的行为成为学生的一种习惯，我将作业常规化。每次接新班后，我都会用一整节课讲语文学习方法与语文作业。在晓之以理后，我会告诉学生今后每周末的作业都是：一篇读书笔记、一篇随笔、背默一首诗，这就是周常规。以后，我布置周末作业时只要写"周常规"三个字就可以了。每天的作业就是"预习+复习"，预习和复习的具体内容每天不同，但是也有一定规律，例如学习文言文，预习就是写"三行法"，复习就是完成练习册上相关练习或者背默。这样做的好处是，久而久之，学生自己都会布置作业了。有的同学提前写作业，周末就提前预习了下周所学的两篇文言文；有的同学提前写周常规，在作业少的时候或者有灵感的时候就写完了周末的随笔。还有更甚者，暑假就自学了八上第五单元的文言文，写好了"三行法"。作业常规化，就避免了作业的无序与混乱，给学生更多自主安排学习的空间，也引导学生向自主学习过渡，喊作业多的声音降到了最低。其实该练的，我们也没有少布置。

说到这里我想到了农民牵牛的理论。牵得不能太松，太松牛走得很慢；牵得也不能太紧，太紧牛鼻子会疼，疼了牛就不走了，任你怎么拉都没用。作业常规化就是既把学语文的路径、任务告诉学生，牵引着学生学习；又给学生留出灵活调整每天的学习时间和空间，悄悄地将被动作业变成主动作业。

领悟了作业的规律性，学生在自主学习中感受到语文作业是好做的，语文学习的幸福感又多一点儿。

总之，努力让语文好学、让作文好写、让课堂好听、让作业好做，是我构建幸福语文课堂的一点尝试。

（在深圳市初中语文教师新教材培训会上的发言稿，选入时有修改）

二、谈谈课堂教学

 **备课策略**

"课眼"不等同于"文眼"

何谓"课眼"？有人认为它是一堂课借以展开的关键性内容，如果把一堂课比成一张网，"课眼"就是纲，纲举则目张。这种观点强调的是内容，或有将"课眼"混同于"文眼"之嫌。有人认为它是让课堂设计得以最优化的方法，是让学生以最经济的时间形成语文素养的策略。这种观点强调的是方法、策略。也有人认为它是教师深入解读文本后，确定的指向文本主旨或某一方面的，能够调动学生学习自觉、引发学生思考、活跃情感体验的课堂教学扩散点和聚点。这种观点强调的是阅读教学中的"课眼"，因为文本解读主要是针对阅读教学的。

综合以上看法，笔者认为"课眼"是指向课堂的，因此凡有效的课堂教学，都应该有"课眼"。不仅阅读教学的课堂有，写作教学、语法教学、名著导读教学等的课堂也有"课眼"。阅读教学中"课眼"常常跟"文眼"相关，但不等同于"文眼"，它是一节课的学习重难点及其突破路径的核心点，是学生语文素养的提升点。

何谓"文眼"？"文眼"是指向文章的，它指文章中最能揭示主旨、升华意境、涵盖内容、统领全文的关键性词句。清末文学家刘熙载说："字句能与篇章映照，始为文中藏眼。"[①]"文眼"就是文章中能够以点带面，统摄全篇的字句。

在阅读教学中，"课眼"不等同于"文眼"。

---

① 刘熙载.艺概注稿［M］.北京：中华书局，2009：845-846.

第三部分 语文不器:教学札记

1. 备课时,找到"文眼"只是备教材的第一步

备课时,是不是只要教师找到了"文眼",教学就"一点打透,万目皆张"了呢?

其实,并不是。认真解读文本并准确把握"文眼",只是教师备课的第一步;第二步还要考虑整册书、整单元的教学任务;第三步还要考虑学生的已有经验和理解能力。综合这些因素后,有时预设的"课眼"就不再是"文眼"。

例如人教版八下《最后一次讲演》一课,文中反复出现的"无耻、光荣、恐怖、光明"几个词可以说是"文眼"。理解它们是教学目标的一部分,但不是重难点。因为学生很容易就理解了演讲者怒斥什么、歌颂什么、预言什么、追求什么,不难;而且教材中这一课前面的单元任务明确指出,本单元的学习重点是学习撰写演讲稿、学习演讲。这个单元由四篇不同风格的演讲稿组成,就是为了让学生学习不同类型的演讲稿的不同风格。所以这课预设的"课眼"应为"表达强烈的爱憎感情的演讲稿应该怎样写?怎样讲?"

又如人教版九上第一单元是诗歌单元,有《沁园春·雪》《我爱这土地》《乡愁》《你是人间的四月天》《我看》五首现代诗。这个单元有三项学习任务:任务一学习鉴赏,任务二诗歌朗诵,任务三尝试创作。这个单元的教学中,把握诗歌的"文眼"(这里也可以称为"诗眼")仅体现了任务一;要把握"课眼",还要结合后面两个任务统筹安排。

再如人教版九上第四单元是小说单元,九下第二单元也是小说单元。有的教师没有仔细研读单元阅读提示,就老生常谈地从小说三要素讲起,梳理情节、分析人物、理解主旨。这样无法螺旋式上升地推进小说学习。从单元阅读指导可以看出两个单元学习的侧重点是有区别的:其一,引发学生思考的侧重点不同,呈现先了解自我,再了解社会的顺序。九上第四单元的三篇小说《故乡》《我的叔叔于勒》《孤独之旅》或涉及少年成长,或从少年视角观察世间百态。学习侧重点是"加深学生对社会和人生的理解，确立自我意识，更好的成长"。九下第二单元的四篇小说《孔乙己》《变色龙》《溜索》《蒲柳人家》都是"通过人物的喜怒哀乐、悲欢离合，折射世态人情和时代风貌"，学习侧重点是"对作品的内容、主题有自己的看法，理解小说的社会意义"。其二，引导学生分析小说的细致度呈上升趋势。九上第四单元单元阅读提示上只强调了学会梳理情节、从不同角度分析人物形象、理解主题。九下第二单元在此基础上增加了"欣赏小说语言，了解小说多样化的风格"这一学习任务。备课时除关注"文眼"外，还要考虑这些单元学习任务。

笔者在九上第四单元教学中，每篇小说的第二课时都预设一个与成长有关的主问题来引领学生剖析主题。这类问题拉近了学生与文本的距离，很受学生欢迎，成功地激活了学生的思维，成为"课眼"。如《故乡》第二课时的主问题是：少年时，"我"和闰土曾是好朋友，成长却使两人仿佛隔了厚障壁，以"我"的视角反思两人的成长道路（社会、家庭等的影响，个人的能力等），并设想"我"希望给水生和宏儿怎样的成长空间？与作品中的人物相比，你自己的成长空间如何？

笔者在九下第二单元的教学中，第二课时预设一个与语言特色有关的主问题，引领学生体会不同的语言风格及其表现人物的效果。

把握"文眼"仅需要着眼这篇文章。而课堂教学要有单元教学意识，甚至要有整册书乃至整个初中学段的统筹意识、全局思路。所以，备课时既要重视"文眼"，又不能止步于抓住了"文眼"。

2. 把握"文眼"只能预设"课眼"，"课眼"的生成需眼里有学生

"课眼"的指向不仅是教师的教，还有学生的学。"课眼"不能脱离课堂生成，"课眼"指向的是课堂，而不是备课。"课眼"重预设，但也不能忽视生成因素。"课眼"有预设性和生成性两个特点。预设性指一节课的学习重难点是可以在备课中预设的。备课不仅指备教材，也包含备学生。备教材的重点是解读文本、把握"文眼"，以及了解单元教学任务；备学生就是了解学生的认知水平和相关知识储备情况等。生成性指一节课

中突破重难点的路径不能完全按照备课时的预设进行,必须根据课堂上学生生成的学习情况灵活把握。这样才有可能生成"课眼"。

当课堂活动激活了学生的思维时,学生精彩的表现就像是眼中放射出的光芒,灼灼其华。这样的课堂活动才被赞为"课眼"。反之,课堂教学如果一味强调预设,难免脱离学生实际,无法帮助学生有效地突破重难点,也就不是"课眼"。带动学生高效学习的课堂活动才是"课眼"。

例如:《伟大的悲剧》第二课时,读懂"文眼"——"伟大"与"悲剧"后,引导学生悟主旨、巧迁移时,如果学生发言积极、思路开阔,不妨来一场无领导论坛,"论成败、谈人生价值",使学生在充分的表达中提升能力、锻炼思维。这就是"课眼"。反之,如果学生思路没有打开,发言不积极,教师如果按照预设开展无领导论坛,难免冷场。不如先进行小组合作讨论、再分享发言,循序渐进地引导学生有所思、有所悟,再布置练笔。对于慢热型的班级或者第一课时教学效果一般的班级,这样的合作学习更适合。分享练笔成果也许会成为"课眼"。

又如教《苏州园林》时,一般教师很少把说明文上成朗读为主的课,笔者根据所教班级学生喜爱朗读、外向的特点,把课文分为总写、七个方面的分写,共八部分,让八个小组分别认领一部分,课前制作PPT配图,课上用边播放图片边解说的方式朗读课文。每组找一部分对应的图片并不难,上台配图解说的形式很新颖,学生们很喜欢这种新形式,积极性很高。八组的展示就像是一次精彩的表演,深深地吸引着全班同学,教学效果特别好。这个活动成为"课眼"。学生从活动中轻松学到了说明顺序、说明对象及其特征等知识点,还读懂了"文眼"——"务必使每一个点都是图画",提升了语文核心素养。这节课也许会成为学生们难忘的一节课。

课堂不是教师的讲堂,而是学生的学堂。新课程理念注重"以学论教",我们要为学生学得高效而喝彩,而不是为教师讲解得深刻而喝彩。"课眼"指向以学生为主体、老师为主导的课堂。所以抓"课眼",眼里一定要有学生,不能仅有"文眼"。

3. 把握"课眼"要注重课堂的思维建构

"课眼"指向课堂的精彩处、关键点，它不是像"文眼"那样的重点字词，而是使学生思维因被激活而得以发展的主问题和主活动。有的文章的"文眼"并不是学习的重点，文章的行文思路所体现的言说的智慧才是学习重难点。正如叶圣陶先生所说："作者思有路，遵路识斯真。"① 因此把握"课眼"应围绕课文进行思维建构。

如阿西莫夫的《恐龙无处不在》（人教版部编本八下第二单元），是科普类文章。这类文章的学习，不是为了让学生知道"说了什么"，也就是说读懂文章的标志不是了解作者的结论、"文眼"。而是让学生了解作者得出这一结论的思维方式，正是这一思维方式决定了作者"怎么说"和"为什么要这么说"。这就是行文思路。

本课的"文眼"可以概括为"南极恐龙化石的发现将为大陆漂移学说提供强有力的证据"，但这只是假设，还不能称为知识，因为南极还没有发现恐龙，只是推测有恐龙。教学重点则应放在通过分析行文思路，激发学生对科普文章的兴趣，学会运用假设、疑问、思考的方式，掌握科学的思维方法，提升思维能力和思维水平。因此，笔者教学此课时，"课眼"是让学生阅读课文画行文思路的思维导图；再通过展示交流，引导学生根据本文的行文思路学习科学研究的思维方法：由某现象引出问题——提出一个假说或理论命题——运用已有的科学知识对其验证——通过推理验证得出结论：这一假说或理论命题成立或者不成立。如果不成立，则需要提出新的假说或理论命题。这个学习过程——由具体的文章的行文思路，总结出科学研究的思维方式——本身也是一种思维建构。

课文一般具有双重价值：原生价值、教学价值。原生价值是指文章"说了什么"，即"文眼"是什么。而教学价值则是指文章"怎么说的"，"为什么要这么说"，也就是言说的智慧。**语文教学指向的更多的是言说的**

---

① 叶圣陶.叶圣陶语文教育论集［M］.北京：教学科学出版社，1980：7.

第三部分 语文不器:教学札记

智慧,而不仅是"文眼",所以把握"课眼"要注重思维的建构。"课眼"以理解"文眼"为前提和基础,但不等同于"文眼"。

综上所述,"课眼"是一节课的核心,"文眼"是一篇文章的核心。课的核心是学生的学,而非教师围绕"文眼"的讲。学需循序渐进、螺旋推进,抓"课眼"需要在关注"文眼"的同时,也关注单元教学目标、整册书学习计划。学的主体是学生,抓"课眼"要根据学生学的情况,要眼里有学生。教学的终极目的是全面提高语文素养,难点是发展思维,因此抓"课眼"要注重课堂的思维建构。

(发表于《中学语文教学参考》,选入时有修改)

课堂导入策略

训练演说,自主快乐地学语文

教学中笔者发现这样两种现象:一是有的学生经常有机会在集会中上台发言或演讲,他们的口才越来越好;二是每次学校举行演讲比赛,每班只能有极少数学生参加,总有一些学生因名额所限遗憾地失去登台的机会。渐渐地有登台机会的学生与因微弱差距失去登台机会的学生的口语表达能力的差距越来越大。由此得出两点结论:一是演讲对口语表达能力的提高作用是明显的;二是平常的语文教学中类似演讲比赛的"说"的训练太少。

读书中,笔者发现前辈教育家朱自清非常重视演说的训练。

首先,他重视演说。他还把思维、说话、写作联系了起来。他说:"思想,谈话,演说,作文,这四步一步比一步难,一步比一步需要更多的条理;思想可以独自随心所向,谈话和演说就得顾到少数与多数的听者,作文更得顾到不见面的读者,所以越来越需要条理。语脉和文脉不同,所以有些人长于说话而不长于作文,有些人恰相反;但也有相关联的情形。说

> 语文不器：拓展的语文教学

话可以训练语脉；这样获得的语脉，特别是从演说练习里获得的，有时也可以帮助文脉的进展。所以要改进作文，可以从练习演说下手。"①

其次，他重视训练。朱自清心目中的好教师，就是能指导学生"充分的练习"的教师。多讲闲话少讲课文的教师，固然不称职；就是孜孜兀兀的预备课文，详详细细的演释课文的，也还不算好教师。中学生需要充分的练习。……练习的主旨无非是让学生自己发现困难，寻求解决；到了解决不了时，自然便知道需要教师。这时候教师的帮忙，效用定会比一味演释大得多。在他看来，没有训练，怎么好的方法也是白说。他全方位、多层次、多角度地论述了语文训练问题。这里所说的"练习"，并不仅仅是做练习题，而是指形成学生语文能力的全面训练。它贯穿于语文教学的全过程。

于是，笔者开始思考如何在每一节课堂上开展行之有效的"说"的训练。经过三年的实践，笔者摸索出了一些做法，将之总结如下。

总体的做法就是把讲台当成演讲台，每天利用课前小预备后的三分钟时间，由一位同学主讲，其他同学对他进行点评。具体内容可以是自我介绍、新闻点评、成语故事、笑话幽默等。笔者将此活动命名为"三分钟快乐展风采"，实践中发现它不仅有效地提高了学生的口语表达能力，而且使每节语文课都成为学生盼望上的课。本文着重谈具体的做法，旨在给读者提供一种便于操作的教学策略。

笔者提供一种具体安排，供读者参考：初一上期，学生刚入校，第一轮展风采活动就以"个性化自我介绍"为主题，每天一位同学在课前三分钟预备时间发表演讲，通过语言介绍让同学们一下子记住你，第一轮结束后评选最佳表达奖、最佳效果奖、最佳创意奖等，通过评奖让学生重温表达中的精彩之处，暗示同学们学习这些口语表达方法。

由于是第一轮展风采，有的同学可能感觉有些困难，不知如何准备，

---

① 王木春.民国名家谈作文之道[M].上海：华东师范大学出版社，2015：86.

所以老师有意让学生自愿申报展风采的顺序，这样就照顾到了各类同学，善于演讲的同学自然会先讲，从而给其他同学提供了范例。有的同学讲与名字有关的故事，有的同学讲名字的含义，有的同学讲与自己名字相似的名人的趣事；还有的同学讲自己的特长，自己的性格，自己的家庭，自己的经历……总之，同学们越讲越投入，越讲越兴奋，越讲越融洽。很快同学们开始盼望听每节语文课前的"个性化自我介绍"，从这个活动中还演绎出了一些班级经典花絮，广为流传，于是同学们准备得也越来越充分，"三分钟快乐展风采"活动开始吸引住学生，语文课也就成为学生乐于上的一门课。

第二轮，让学生讲成语故事。为了使学生对"展风采"活动始终保持新鲜感，这一轮推出录音制度，教师提供录音机，学生自带录音带，随堂将每位学生"展风采"活动的全过程录音，由学生自己保存在个人成长档案袋里。同时增加点评制度，每个人讲完故事后由同学代表点评，指出优点及需要改进之处，老师最后做补充。

成语是汉语中一个独特的具有民族特色的语言现象，多积累成语无疑会提高学生的语言表达能力，而成语故事可以帮助学生很快记住成语及其含义。但细节决定成败，要让讲成语活动真正成为学生所喜欢的活动，一定要注意以下细节：在选择成语时，教师要引导学生既不要选妇孺皆知的成语故事，如画蛇添足、亡羊补牢等；也不要选择晦涩难懂、非常生僻的。最好选大家似懂非懂的，听了你讲的故事后能够完全理解，并经常能用到，故事本身也有一定的趣味性。例如：螳螂捕蝉，黄雀在后等。在讲成语时，不能看书，要声情并茂地讲给大家听。另外，要有激励机制：一方面，这一轮属于"实战演习"，为第三轮的评分做好了准备，而且录音资料还可以留在个人成长档案袋里；另一方面，这一轮结束后要评选出最佳故事奖、最佳演讲奖、最佳效果奖。

第三轮，在学生讲成语的基础上，增加了成语接龙环节，即先用最简洁的语言讲一个成语故事，然后以此成语为开头，流畅地说出8个以上的成语（课前由讲成语的同学将成语接龙的成语都板书在黑板的一角），接着同学们针对成语接龙中不理解的成语向演讲者自由提问，演讲者像答记者问一样给予解答，要求对答如流。难度增加了，可学生参与的积极性会更高。这一轮除保留录音制度、评价制度之外，又增加了打分制度，由自我评分、学生集体评分、老师评分三部分组成，当堂打出，作为本学期的口语成绩，记入期评成绩。对自己成绩不满意的可申请重讲，安排在此轮演讲最后一个同学讲完之后。

第四轮，学生已进入初二年级，也有了一定的成语的积累，开始引导学生积累名言警句，开展"我献名言给大家"活动，每天一位同学讲一句自己最喜欢的名言，并谈谈喜欢它的什么，即谈出感悟点。

第五轮，学生进入初二年级下半学期，许多同学有了令自己满意的作文，就开展"我献美文给大家"活动。美文可以是自己写的，也可以是课外选来的，但一定要精彩，要让同学们听出美感。第二天，还可以由前一天读美文的同学读一篇赏析前一天美文的习作。

在实际教学中，我们发现，首先，学生对于录音很感兴趣，还有同学自愿拿来了家中的麦克风，以使录音效果达到更好。下课后，同学们都迫不及待地反复听自己的录音。其次，学生对于细致的环环相扣的规则很喜欢。每天先讲，再评，最后打分，全程录音，这些环节听起来很烦琐，其实操作熟练了之后也很快。第三，学生的主持人意识越来越强，表现欲越来越强，有的同学为了促使同学们认真听自己讲，对形式创新，主动采取了有奖抢答、小组对抗等形式来调动大家的积极性。第四，各类学生都有出色的表现。这是出乎教师意料之外的，有几位令人捏一把汗的同学，也都有出色的表现。由此也印证了兴趣是最好的老师这句古训。

也许有人会产生疑问，这个活动要占用多少时间？时间长短不同，一般在3—6分钟，偶尔也有由于学生准备的内容太多，占用时间过长的情况。但是只要演讲者讲得精彩，其他同学听得专注，其实，语文学习已经悄悄开始了，教师何乐而不为呢？心理学的研究表明，12—15岁的孩子的有意注意最多只能坚持20分钟，有了这个活动，学生说的能力、听的能力提高的同时，一节课好像缩短了，学生经常感觉"这么快就下课了！"而且活动中引领学生进行了语言的积累，从词到句，最后到文章，三年的日积月累，你还怕学生写作没词吗？

每节课都把讲台让出来，让它成为演讲台，说来简单的一件事，坚持做起来却不容易。首先，老师要执着，不要因为课时紧、怕烦琐等原因半途而废。其次，老师要会调动，调动学生参与的热情，隔三差五地鼓动一次，在某位同学演讲精彩时因势利导，激励全体。第三，老师要善创新，经常变换一些新花样，如加新环节、变更奖项、改变主题等，使活动常搞常新。第四，老师要会指导，根据每个人的不同性格、不同选材给予恰当的指导。

每节课都把讲台让出来，让它成为演讲台，说来平凡的一件事，坚持做下去，结果却不一般。它不仅提高了同学们的口语表达能力，还提高了大家展示自我的信心。同时也培养了同学们刻苦勤奋的精神；精益求精、勇于创新的精神；互相学习、互相支持的合作精神等。

给学生一片蓝天，他就能翱翔；给学生一片大海，他就能畅游；给学生一个演讲台，他就能还你一份精彩。

（发表于《中学语文教学》，选入时有修改）

例说课堂活动策略

让课堂成为学生听与说的练习场
——我教《喂——出来》

在深圳福田区第三届高研班研讨课活动中，笔者执教了一节研讨课，学习的内容是人教版八下语文教材中的课文《喂——出来》，课堂最大的

> 语文不器：拓展的语文教学

亮点是花了25分钟让学生围绕课文的主旨和人物形象进行无领导论坛。这个设计还时于生，把问题给学生，让课堂成为学生听与说的练习场。学生真正走进文本，与大师对话，与文本交流，思想碰撞出了一个个火花，听说交流出了一次次精彩。笔者将备课、上课、评课的过程分享如下：

1. 教材和学情分析

选择这一课做课例研究，有两点考虑：首先，这是初中语文教材中唯一的一篇科幻小说；其次，用这一课上公开课的人很少。虽然科幻小说的阅读和写作在历年的中考中都少有涉及，但是笔者认为这篇科幻小说中那神奇的想象、发人深省的主题，是训练学生阅读思维、提升学生阅读理解能力的好素材。

星新一堪称一位奇人——他保持了一项世界纪录，一生共创作了1001篇微型科幻小说，其作品被誉为"新编一千零一夜""人生必读书"，可谓妇孺皆读，老少皆宜。《喂——出来》这篇课文想象奇特、丰富、生动、有趣，又合情合理，有很强的可读性，再加上是课本中少见的类型，学生们会很喜欢；喜欢的东西自然有兴趣研读，而文章中所隐含的深刻的主题、丰富的人物形象，又足够学生去思索、去探究。因此，教师只要给学生搭建好交流探讨的平台，引导好有理有据表达的方式，激活学生思维后，相信学生会探究出多元的理解，演绎出精彩的思辨。

2. 学习目标与重难点的预设

语文教学归根结底是要训练学生的"听、说、读、写"，所以笔者从这四个方面思考学习目标；又本着一课一得，学习任务要少而精的宗旨，笔者确定了两个学习目标：①从人与自然的关系、人性的多面性等角度理解文章主题，有理有据地表达自己的观点。（说）②领悟科幻小说中丰富的想象；发挥想象，续写课文。（写）其中目标一是学习重点，目标二是学习难点。

其实"听"与"说"，"读"与"写"是分不开的。在训练"说"的时候，一定会提升"听"；要训练"写"，一定要先"读"。第一个目标通

第三部分 语文不器:教学札记

过无领导论坛的方式完成,只有在别人发言的时候认真听,才能在自由讨论阶段有的放矢地表达。第二个目标通过探究课文中想象构思的过程和展开想象、续写课文完成,引导学生读懂课文中的想象是学生续写好课文的前提。

3. 教学过程的安排

(1)导入

欣赏 2.5 分钟的科幻影片《后天》片段,创设情景。

设计意图:引导学生带着忧患意识去阅读和理解课文,避免学生因课文神奇的想象、有趣的情节而只看到表面令人欣喜的东西。这段视频看完会使人心情沉重,心沉下来了,才能更好地去分析课文情节中深层次的东西。另外,视频也暗示同学们洞并不能真正解决环保问题。

(2)介绍作者,展示学习目标

"的确,电影艺术家们通过合理想象,带领我们穿越时空隧道,将他们预见的未来展现出来,引我们深思,让我们警醒。今天,我要给大家介绍一位奇人——他保持了一项世界纪录,一生共创作了 1001 篇微型科幻小说。他能用三、五千字就勾勒出像一场科幻电影一样精彩而完整的故事情节,而且往往有着新颖奇特的构思和出乎意料的结局。他就是日本著名现代小说家星新一,他被尊称为'日本微型小说之父'。今天我们来学习他写的《喂——出来》。我们的教学目标有二:①从人与自然的关系、人性的多面性等角度理解文章主题,有理有据地表达自己的观点。(说)②领悟科幻小说中丰富的想象;发挥想象,续写课文。(写)"

设计意图:上面一段话自然由科幻影片引出科幻小说,介绍了作者,展示了学习目标。介绍作者时特意用了"介绍一位奇人"等话语,吸引学生的阅读兴趣。

(3)活动一:无领导论坛(讨论课文的人物形象与主题)

"我们今天用个性化阅读法来学习本文,读一篇文章,有自己的体会,就是有所获,思维是多向的,答案是多彩的,智力是多元的,体验是无限的。同学们，勇敢地、有理有据地说出你的阅读感悟吧。"

PPT展示活动要求：每组选派一名同学参加，每人单独发言时间不得超过1.5分钟，发言内容要有理有据。不得简单重复前面同学的观点，可以总结、深化前面同学的观点。个人发言结束后，开始讨论，时间5分钟，感觉有话要讲，不吐不快的每一位同学都可以拍案而起，侃侃而谈。

设计意图：爱德加·戴尔的学习金字塔理论告诉我们，在塔尖，第一种学习方式——"听讲"，也就是老师在上面说，学生在下面听，这种我们最熟悉最常用的方式，学习效果却是最低的，两周以后学习的内容只能留下5%。第二种，通过"阅读"方式学到的内容，可以保留10%。第三种，用"声音、图片"的方式学习，可以记住20%。第四种，是"示范"，采用这种学习方式，可以记住30%。第五种，"小组讨论"，可以记住50%。第六种，"做中学"或"实际演练"，可以记住75%。最后一种在金字塔基座位置的学习方式，是"教别人"或者"马上应用"，可以记住90%的学习内容。爱德加·戴尔提出，学习效果在30%以下的几种传统方式，都是个人学习或被动学习；而学习效果在50%以上的，都是团队学习、主动学习和参与式学习。

基于这一理论，教现代文阅读，笔者不看好老师把文章解析给学生听的教学方式。"一千个读者，就有一千个哈姆雷特"，教师不应该用自己对文章的解读代替学生的解读。笔者在课堂上致力于引导学生拿到一篇文章后能够思维活跃地有所思、有所感，并且会与别人交流所思所感，最终在交流中自我修正并得到提高。要达到这个目的，就要训练学生学会倾听，学会赞成与欣赏别人的观点，学会质疑与批判别人的观点，学会修正自己的认知。还要训练学生有理有据地表达，礼貌地表达。让学生知道，表达时可以口若悬河，但不能信口开河；可以加强语气，但不能阴阳怪气。争论时要尊重对方，要有"我不同意你的观点，但我誓死捍卫你说话的权利"的风度。

由于笔者长期对学生进行这方面的训练，学生的思维能力、表达能力都有了较为明显的提高，较多学生可以对课文进行独立的思考与交流。所以，这节课设计了无领导论坛的方式，给学生搭建了自由交流感悟的平台。老师退居一旁，静静地听、认真地记，中间不打断学生的讨论，给学生足够的思维空间，学生的思维就会活跃起来，并且碰撞出火花。无领导论坛结束后，老师再通过有针对性的点评鼓励学生、引导学生提升。

本节课上同学们发言的精彩、讨论的热烈、思维的灵动、表达的有理有据都印证了此课堂设计是有效的。

在详细点评之后，笔者总结道："总之，此次论坛无论是从语言表达上看，还是从阅读思维上看，同学们都进步很大，希望下次有更多的同学主动参与，希望同学们把边读书、边思考的习惯带到每一次阅读中。练完了说，我们再学学写。"自然过渡到活动二。

（4）活动二：探究想象　展示练笔

首先，学习想象的构思。

构想一个基本点；构想一套基本情节；根据生活经验，想出一系列细节。（投影）

文章先构思出了一个洞，一个无底洞；然后以这个洞为基本点，构思出了情节的几部分，我们用四个含洞字的词来概括，就是？很快学生就会概括出来：洞现、测洞、填洞、洞漏（在黑板上的美术字"喂"的田字格中写"现、测、填、漏"四字）；接着又用提问法，来想出一系列丰富的细节，例如洞怎么出现的？就有了台风过后庙倒洞现，洞出现了，村民们会有什么反应？市民们会有什么反应？怎么往里面填垃圾？怎么漏的？于是有了一段段细节描写。我们以村民发现洞、卖洞为例来体会一下细节描写。请一个小组来分角色朗读1—23、29—37段。

学生有感情地分角色朗读后，提问："大家看这些段落都写了人物的什么？"学生很快回答出来"语言、动作、神态等"。有了这些细节，将人物的性格活灵活现地表现了出来，我们仿佛看到了发现洞、卖掉洞的情形，文章生动有趣。我们在运用想象构思文章的时候，也要按照这三步

语文不器：拓展的语文教学

来做。

其次，了解科幻小说中想象的特点。

a. 科幻小说中的想象要求符合科学精神，在生活中能找到想象的原形。

例如洞、垃圾洞都是生活中有的，把天空、海洋等看成是无限大，从而随意排放废气、污水的现象也类似于把洞当成无底洞肆意排污的行为。

b. 想象的最精妙处往往体现在有一个发人深省的结局。

本文的想象中最让你感到出人意料，又在情理之中的是情节的哪一部分？学生很快回答"是结尾"。

综上，总结出修改续写的要求：第一，要有具体的细节描写；第二，想象要合理，力求体现科学精神；第三，力争有一个既在情理之中，又在意料之外的结尾。（投影）

"同学们，在阅读课文时，你的思想感情是不是一直在波动着？开始觉得很好奇，怎么有如此奇洞？后来随之兴奋着、微笑着，啊，垃圾没了，天空瓦蓝；而最后微笑仿佛凝固，来不及回收就被惊诧和沉思所取代，它好像唤醒了我们心灵中的一些东西——这就是文学的魅力，文学是一扇神奇的大门，所有走进这扇大门的人都不会空手而回。让我们学习课文的想象的写法，把我们的续写也修改成扣人心弦的文字吧。下节课，我们将展示交流你们修改的续写。"

设计意图：教学设计要紧扣课文的文本特质，因为本文是科幻小说，神奇的想象是它最大的特点，又因为学习金字塔基座位置的学习方式，是"教别人"或者"马上应用"，可以记住90%的学习内容。所以笔者把第二个学习目标确定为"探究想象，展示练笔"。笔者先带领学生理性地探究课文构思想象的过程，为后面的修改续写做准备。在探究课文构思想象的过程中，将小说的情节分析了，将精彩的人物描写的段落通过分角色朗读赏析了，这样安排是为了突出想象的写法这一重点，这样才能突出科幻小说的文本特质。如果按照一般学习小说的传统步骤，分析小说的情节、人物、写法,将想象放在写法里讲,就不能突出科幻小说的特色了。

(5) 课堂小结

"我们回顾这节课,同学们通过无领导论坛讨论了文章的人物与主题,练习了口才;又探究了想象构思的过程,知道了怎样修改续写,学习了写作;同时我们也认识到了环保的重要,了解了人性的多样性。当年,阿基米德说'给我一个支点,我将能够撬动整个地球',希望这节课能够给大家一个支点,让我们的思想拧成一根杠杆,去撬起一个个贪欲的无底洞,让我们的地球母亲抖落一身污垢,青春永驻。下课。"

设计意图:上课像写文章一样,要有收尾。课堂结语总结了课堂学习的重点,给学生以回味。

4. 板书设计

美术字体写出"喂——出来",把"喂"字的口字旁和上面的"田"字故意写成"O",像一个洞一样;在"田"字的四个格子中写情节的四部分"(洞)现、测(洞)、填(洞)、(洞)漏",作者的名字"星新一"写在破折号中部的下方,最后用红色三角形将其框住,成为一个支点的形状。与课堂结语"希望这节课能够给大家一个支点,让我们的思想拧成一根杠杆,去撬起一个个贪欲的无底洞,让我们的地球母亲抖落一身污垢,青春永驻"相配合。

5. 课后反思

笔者的语文课的设计观是：让语文课成为学生训练口语表达与书面表达的练习场。笔者从"学生的学"和"教师的教"两方面来反思这节课。

首先，从"学生的学"的角度来看，学生的思维是活跃的，参与课堂交流讨论和朗读的积极性很高，近40人次主动发言，学生就课文的讨论是多角度的，且有深度，朗读有感情，这是比较令人满意的地方。特级教师程红兵在最近深圳市语文教研活动中，点评三位区教研员所上的示范课时提出，评价一节课要看这节课有没有思维流量，也就是说有没有使学生的思维得到训练。从这个角度看，这节课是有思维流量的。

但是，发言的人数所占的比例希望可以再多一些。由于时间有限，无领导论坛每组只能派一人参加，单从这一节课来看，不能做到人人发言；有些同学只能以认真听、自主记笔记的方式参与。

其次，从"教师的教"的角度来看。近日笔者听了深圳市教育科学研究院宾华的有关"有效课堂建构策略"的讲座，讲座上引用了一个观点："三流的老师是才华横溢，二流的老师善于启发学生，一流的老师在课堂上是不现自我"。笔者赞同这个观点，也在努力地践行这个观点。笔者将第一个教学重点（课文人物形象和主题的理解）放手交给学生，让学生在讨论交流中自我思考、自我修正、自我提升。教师默默地听、认真地记，最后通过细致而恰当的点评引导学生思考如何再深入，表达如何再清晰。笔者对第二个教学难点（探究想象）的处理方式是，先结合课文剖析给学生看，再让学生朗读体会，最后布置学生完成练笔，达到应用想象手法的目的。

遗憾的是由于时间不足，练笔只能当作业布置，下节课再交流。在课堂时间的把握上，笔者觉得还可以做得更好些，前面压缩一些时间，留出交流练笔的时间。

6. 专家点评

李臣教授（深圳大学师范学院教授）：总体的感受，这个课堂设计确实相对于其他的课来讲是新颖的！解决的就是两个问题：无领导论坛明确人物形象和主旨、学习想象的写法。

具体来说首先看她的目标,改变了传统的教学目标,她使用的是"学习目标",这些形式的变化,表现出一种追求,使学生多角度地取得了成长。其次,无领导论坛强调了学生的自我成长,给学生足够多的时间思考、表达,这个设计非常好!无领导论坛在大学、企业选拔人才中用得多,其实我觉得它是有领导的,是强调学生的自我领导。实际上让学生自我领导后,学生才真的有机会去自己解读课文。第三,它的想象练笔环节的引导语非常简洁,又一目了然。在学生进行完无领导论坛后,教师对学生的点评很到位,不光是语言简洁,而且是点得特别到位、特别利索。因为在无领导论坛的实施中,很多的实施者不知道怎么做,把主动权都给了学生了,老师应该做什么呢。这节课刚好让我们看到了老师要做什么,所以我讲这点做得很好。另外,在学生朗诵环节,装老人和装商人的两个孩子让我感觉好像真的是老人进来了、商人进来了;就是因为孩子们这样学课文,真正地进入到阅读中了,对课文有体会、有感悟,所以才能表现出来。

板书设计我尤其欣赏,起到了画龙点睛的作用。

特级教师姜东瑞(深圳南山区教科中心资深教研员):我今天听赵老师的课,突然间想起了高骈的有关夏日的两句诗:"水晶帘动微风起,满架蔷薇一院香。"赵老师的课,课堂上尺水兴波,孩子们在教室的表现大家都是有目共睹的。赵老师的课可圈可点的地方非常多。比方说准确的目标定位、清晰的环节安排、无领导论坛这种方式的选择、呈现分享方式的选择,还有孩子们在课堂上出现的争论辩论声、会心的笑声,包括我在内,有几次我都想鼓掌了,这都是非常难得的。为什么?因为这一节课里面学生和老师给我们大家呈现的既有预约的精彩,但是更多的是一种动态的生成的精彩!这种精彩体现在我们的学生身上!我知道赵老师在做一个课题研究,就是关于"创二代"的这么一个课题。看到我们学生的表现,真是有"长江后浪推前浪"的感觉。这个班的学生,站起来,有理有力有节。我觉得最为独特的地方在于他可以积极的回应：一是有批判的回应；二是有肯定的回应；三是有质疑的回应。往往我们的学生包括我们成人也一样，一心专注于自己的观点以后，往往会忽略别人发言中有价值的东西，甚至不做回应。但是今天我们的孩子在课堂上表现得非常令人赞赏，"创二代"身上所体现的合作的回应的意义是非常重要的，所以可圈可点的地方很多。

我边听赵老师的课边在想，这个课赵老师究竟在哪些方面做了文章，我觉得她首先抓住了文本特质。这个文本特质是什么呢？就是星新一的科幻小说。编者把这篇文章放在这个单元的意图是什么？它是在一个关于大自然的环保主题的单元，很多老师可能会在环保主题上做文章，这是共性的。但是星新一的这一部作品是科幻小说。它有小说上的共性，比方说有环境、有情节、也有芸芸众生，它具有一般小说的特点，但是它又非同于一般小说，因为它是科幻小说。那么科幻小说的特点在哪里？一个是科学性，一个是幻想性。所以科幻小说的一个很大的特点就是想象，想象就是它的整个世界。如果抓住文本特质这一点来切入的话，就有别于一般的小说教学，有别于一般的环保主题的作品和文章。所以这是第一点，抓住了文本特质。

赵老师设计了两个环节：第一点是无领导论坛。学生从人物形象和主题这两个角度出发来谈对主题的理解，接下来是一个想象的指导。这两个环节，板块是非常清晰的，抓住了文本特质。（赵老师）让学生从人物形象的角度和主旨的角度谈自己的观点，而且要有理有据，不但要说，而且要善于倾听，（这些做法）对学生的表达能力、思辨能力、分享能力都是一个很好的培养。不少老师讲过这个课，好多抓住了小说的特点，而没有抓住科幻的本质，而赵老师不是，所以我觉得抓住文本特质是这一节课成功的最大亮点。

第二点，我觉得是在这一节课里赵老师给学生搭建了一个很好的平台。学生在这个平台上展示对文本的理解、人物形象的把握、主题的分析以及想象力的展示,这些都是很好的。能够在课堂上放大量的时间来培养学生的能力,这样一个环节很重要。你尊重学生,就是还时于生,把时间给学生,把问题给学生。那么当我们的学生真正走进文本,与大师对话,与文本交流的话,那么老师干什么?老师是退居舞台(讲台)的侧面,静静地聆听,会心地微笑,欣赏学生在这个舞台的表演。所以我觉得是很成功的。

(发表于《教育科学与研究》,选入时有修改)

三、谈谈写作教学

 **以读促写**

"语脉"到"文脉"的转变
——读《朱自清论语文教育思想》谈作文教学

在作文教学中,笔者发现有这样一类学生,非常勤奋,也有较高的悟性,可以说,老师怎么教,就能怎么写。例如:笔者教小标题形式、多用排比句、恰当使用顶真句、环境描写烘托人物形象或氛围、点缀名言警句、文章要有波澜等写作技法,他们都能运用于作文,所以每次评讲作文时让他们朗诵自己的习作,常常能博得听者的好评,然而作文本收上来,笔者再次阅读他们的作文时常常感到大不如朗诵时的感觉。他们在各种场合发言或演讲往往能获得成功,被公认为能写会说,而作文竞赛却很少获奖。如何指导这一类学生在写作上继续提高一度成为困扰笔者的难题,仅告之以"多读书吧,多读勤写是提高写作水平的唯一捷径"这句朴素的真理,总觉得有些空洞。

今天,读《朱自清论语文教育思想》一文,终于找到了问题的症结:"将作文当说话的记录,是想象口语声调的存在,因此就不肯多费力气在承转或连贯上;但那口语的声调其实是不存在的。这种作文由作者自己读,他会按照口语的声调加以调整,所以听起来也还通顺似的。可是教别人看时,只照白话文的声调默读着,只按着文脉,毛病便出来了。那种自己读时的调整,是不自觉的,是让语脉蒙蔽了自己;这蒙蔽自己是不容易发现的,因此作文就难改进了。"[①] 那么要想纠正这一现象,就要首先区分

---

① 朱自清.朱自清论语文教育思想[M].郑州:河南教育出版社,1985:6.

第三部分 语文不器：教学札记

"语脉"与"文脉"。

笔者理解，"语脉""文脉"与王尚文先生在《语感论》中提到的"口头语感"和"笔头语感"有神似之处。"人们从口语获得听觉，再由听觉语感升华而为口语语感，从而说出话来。听觉语感与口头语感的对象都是口语，不过前者管听，后者管说。人们从书面语获得视觉语感，再从视觉语感升华而为笔头语感，从而写出文章来。""口头语感的素质高下是决定说话能力强弱的关键因素，笔头语感的素质高下是决定写作能力强弱的关键因素。""由于口语和书面语并不完全重合，而是各有各的特征——不完全相同的词汇、句法，不完全相同的功用、性能，口头语感和笔头语感也因此而各具个性。能说会道的未必写得出好文章，纵笔自如、得心应手的作家未必能说会道，巴金说他自己不善于说话，但他却是我们第一流的小说家、散文家，堪称语言大师。"①

要提高"文脉"，也就是要提高"笔头语感"，要多阅读、多背诵、勤写作、善修改、广阅历。

首先，要多阅读。唐代伟大的现实主义诗人杜甫有句至理名言："读书破万卷，下笔如有神。"必须注重积累灵敏、丰富、深刻、优美的言语作品中的语言。书读得多了，潜移默化的"笔头语感"就提高了。老舍在谈到写作时说过这样的话："在我脑子里有了200多篇文章时，才知道文章是怎么一回事。"②养成良好的阅读习惯的学生，就像辛劳采集花粉的蜜蜂，终会酿出香甜的蜂蜜。手不释卷，博览群书，可以使视野宽广、知书明理，从而促使一个人的品格高尚。而文以载道，只有在众多的阅读实践中验证、思考，豁然贯通于学习、生活了，才能有顺畅的文字表达。

阅读也要有方法，一些学生只看故事情节，很少有意识地汲取文章的营养与写作的技巧，这样的阅读对于"笔头语感"的培养是低效率的。阅

---

① 王尚文.语感论［M］.上海：上海教育出版社，1995：8.
② 梁丽群.试论阅读教学中的语感训练［J］.教师，2017（01）：42.

语文不器：拓展的语文教学

读时要留心学习作者是怎样写人、记事、表达情感的。对于文章中比较优美的语句要做好记录、摘抄。这样的阅读能使学生从中吸取营养，无论是写作技巧，还是遣词造句，或是谋篇布局，都能从写得好的文章中得到借鉴。看看名家高手是怎样准确、恰到好处地组织运用语言的，如何立意构思的，怎么渐次展开和首尾呼应的，读得多了，"文脉"自然提高了。前人说过的"劳于读书，逸于作文"也是这个道理。

其次，要多背诵。背诵也是学生培养"笔头语感"行之有效的好办法。背诵也是为了积累。背诵若被忽视了，对丰富的语言材料连起码的记忆也谈不上，怎么能有感受呢？当代曾有人问过一位较有声望的老作家："先生，您的文章为什么能写得这样好？"回答是："我翻阅了不计其数的书籍，能背诵几百篇的佳作。"熟读成诵的佳作是令人终生难忘的。那烂熟于心的佳作会潜移默化地形成一种久远的影响，甚至成为一种境界：佳作的那种神韵、意境、声律都渗入你的心灵，从而沉淀为一种文化心理和美感心态，犹神魂附体——其已化为你自己的东西，自然能够召之即来，运用自如，在思考问题时，也易于联想，左右逢迎。写作时，这真正为你所吸收的"文脉"支配着你去追求一种节奏感、韵味感和形式感。这些美感追求，又在催动着文气和笔调，甚至在句式上也有一种自然的涌流。你会自觉地向这些佳作借词、借字、借意、借境，然后汇拢到一起，从你的笔管里流泻出来。诸多佳作的背诵，大大提高了你的"文脉"。

第三，要勤写作。作文教学要促进学生的"笔头语感"发展，使学生的语言从生涩走向鲜活，从贫乏走向丰富，从肤浅走向深刻，还要不断激活学生的生活积累和阅读积累。勤写就是一种激活。勤练笔成为由"语脉"到"文脉"转化的至关重要的一环。同学们可以将自己看到、听到、体会到、考虑到的内容，特别是亲身经历的事情，写进作文；同时把我们在阅读中学到的有关知识和写作方法运用到写作中去。鲁迅先生说过："文章应该怎样做，我说不出来，因为自己的作文，是由于多看和练习，此外并无心得或方法。"① 好文章是写出来的,"文脉"也是在多次的练笔中逐渐形成的。拳不离手、曲不离口,熟能生巧,艺熟必精。俄国作家果戈里坚持"天天写",法国作家左拉的座右铭是"每天必写",俄国作家列夫·托尔斯泰一生坚持写了51年的日记。

第四,要善修改。自己改,让别人改,多改,才能矫正自己不良的语感习惯,促进良好的"笔头语感"的形成。关于修改的价值,可谓"前人之述备矣":从贾岛的"僧敲月下门",到袁枚的"一诗千改心始安";从"披阅五载,增删十次"的曹雪芹,到"数易其稿"的列夫·托尔斯泰,无不说明着修改的重要性。对学生的写作而言,修改可使其作文精益求精。每次作文练习,初稿完成后,朗读自己的初稿,边读边修改。有的错别字、漏字、笔误等,只要多读几遍,就能发现并纠正过来。

自改——立足于改,对改——立足于批。文中有些问题自己可能"只缘身在此山中",而失去了辨识"庐山真面目"的能力。怎么办?让他人改,使作文臻于完美。叶圣陶先生说:"经常观摩人家口头的、笔下写的语言;哪些是好的,对的,哪些是不好的,不对的"②,这样才能增强自己的语感,提高"文脉"。其实不单单语言方面应该学习借鉴,别人作品里面的新观点、巧思路、好手法也应该学习借鉴。只要改者竭尽全力,精心推敲;被改者虚心求教,细心修改,这样,对被改者和改者都有益。

另外,还要广阅历。即增加生活方面的积累,这是源头活水。没有生活、没有积累的写作就好比无本之木,无源之水。朱熹"问渠那得清如许,为有源头活水来"就是说的这个道理。要使学生写出自己的真实生活体验和感受来,唯有注重生活实践,注意生活积累。俗话说:"巧妇难为无米之炊。"师生必须走出教室,到大自然中去,到社会上去,去汲取创作的源泉。古人说:"留心各样皆学问。"我们要善于从生活中寻觅动

---

① 鲁迅.致赖少麟信.鲁迅论文学与艺术[M].北京:人民文学出版社,1980:873.
② 叶圣陶.叶圣陶语文教育论集[M].北京:教育科学出版社,2015:720.

情事，探究人物心灵的闪光处。在观察过程中，不但要注意事物的外部特征，而且要抓住事物发展的某个阶段以及事物构成的某个部分的细致的隐蔽的特征。源头有了，"文脉"才能永不枯竭。

可见，语感能力的培养，除了课堂上的有效训练之外，更多的应让学生去书海中遨游，去接受古今中外文化的洗礼和文学作品的熏陶。引导学生参与生活，感悟生活，不断汲取有价值的新的语言信息。这样，就可使学生积累下丰富的经验，从而产生一种类似于条件反射的知觉，久而久之，他们的"文脉"也就逐渐提高了。

固然，正确的观点、巧妙的构思、丰富而可靠的材料，都是评定作文好坏的重要标准；但是，正确而熟练地运用语言文字显然是作文的基本功，尤其是在中学语文教学中。而语感教学则是形成语言文字基本功的必经之路，学生的语感强了，他在理解方面和表达方面才会不断进步。因此，语感教学理应成为写作教学的核心内容，借助语感教学，从提高学生的"文脉"入手，写作教学方能插上双翼，得到"更高、更快、更好"的发展。

（发表于《科技信息》，选入时有修改）

改变教与学方式

改变初中写作教学中的"教"与"学"

教学生初步学会运用祖国语言文字进行交流沟通是义务教育阶段语文课程的要务之一，写作是沟通交流的主要形式。写作教学是语文教学的重点，也是难点。对待写作教学，有的教师认为熟能生巧，多练自然能提高，重布置作文，轻作文教学；有的教师认为写作的章法技巧很重要，写作教学停留在教师滔滔不绝地讲述；还有的教师在不讲与讲之间游移，恍恍惚惚。语文教师痛苦于改作文、教作文，学生们痛苦于写作文的状况如

第三部分 语文不器：教学札记

何改变？

要从改变写作教学中的"教"与"学"开始。根据初中生认知特点和心理特征，初中写作教学要少用负强化，多用正强化。根据《语文课程标准》提出的全面提高语文素养的课程目标，学生"学"的是用语言解决问题。"教"与"学"要在立体的多向互动中进行。

1. 不找缺点、只找美点，"教"通过正强化进行

"正强化"是指奖励那些有利于目标达成的行为，以使这些行为得到进一步加强，从而促进目标的实现。写作教学中"教"就是发现学生作文中的美点，给予表扬、鼓励，从而使美点越来越多。专注于挑毛病的传统改作文法，常把老师推到学生的对立面，在这种教学情境下，再严谨的作文指导也很难被学生建构成自己的知识。教师"蹲"下来，带着赏识的眼光改作文，做寻找美点的专家，用宣讲习作中的美点对学生进行持之以恒的正强化，促进学生长久保持写作热情和写作自信，就会迎来写作教学的春天。

（1）批改时，寻找用于正强化的美点需要技巧

批改作文时教师首要任务是"寻美"，其次才是帮助学生思考改进的突破点。

首先，美点要具体。空洞的表扬不是正强化。具体的美点可大可小，可以是好段落、好句子、好词语，也可以是好结构、好立意、好过渡……在它们下面画上红色波浪线，它就是正强化的一种最便捷的方式。可别小看这些红杠杠的作用，它带给学生成就感。它比"结构不完整""语言不优美"等冷冰冰地挑毛病的空洞评语有用多了。有了它，学生越来越敢写，越敢写就越能写好。

如果找不到以上这些美点呢？那就把迎难而上、不放弃写作的好精神写成评语当成美点。再退一步，如果此次作文某学生写得实在不认真，那就回顾他以前认真写的作文，最好是指出那次作文的某个美点，并指出可以用于这次作文。如：

"还记得那次你写军训的作文,用了细腻的心理描写,结尾还用'萍水相逢'一词引出议论,升华了主题。这次的作文要是也加上细腻的心理描写和议论句,一定也会很精彩。"

其次,美点可以预订。找出并赞美作文中的美点后,是进行作文指导的好机会。以预订美点的方式进行作文指导,能够帮助学生建构知识。比如:

"下次你还写这样的叙事,有动作、有心理、有外貌等,只需要在每件事前面加一个独句段,把这件事的主题概括,三个独句段的句式能相似就更好了,你的文章的层次就更分明了。可以借鉴我课上分享的小惠的作文中的独句段,可以跟她合作拟写,相信下次你的作文又将增加一个美点。"

预订美点要具体,表述可繁可简。又如:

"结尾若能点出'读懂'爱之后要'回报'爱,就又多了一个美点,升华主题。"

(2)讲评时,宣讲美点的覆盖面越广,正强化效果越好

宣读并在必要处讲解学生习作中的美点不算是创新做法,但是很多教师做不到覆盖面广,每次宣讲的总是班里几个作文优秀的学生的作文,久而久之,学生对宣讲美点不感兴趣。最终,教师也就不再宣讲美点了。只有宣讲美点的覆盖面广,正强化效果才能持久。

覆盖面一方面指对学生的覆盖,另一方面指对知识点的覆盖。

宣讲美点覆盖到的学生越多,被鼓励的学生越多。鼓励使人进步,打击使人落后。但是课堂时间有限,所以要兼用多种方式宣讲美点。例如:课上点名宣讲作文中的好词、好句、好段、好文是鼓励;仅点名表扬也是鼓励;课间教师早来三分钟,晚走三分钟,利用这六分钟时间在教室跟几个学生聊天谈话中宣讲美点也是鼓励……这些是直接鼓励。宣讲美点时好文要少而精,好段、好句、好词多选一些。这样能够覆盖更多的学生。同一类的美点宣讲后,把有这类美点的学生名字都点出,覆盖面又大了

第三部分　语文不器：教学札记

很多。

除此之外，还可以通过间接鼓励宣讲美点，如给家长发表扬信息、在其他班级宣读、在班主任或者其他任科教师面前赞美、推荐参加作文大赛……有时，间接鼓励的力量更大。一般是先直接鼓励，当对某生直接鼓励太频繁时，换用间接鼓励。直接鼓励和间接鼓励最好交替使用，不要重复。比如上周读了张三的美文，这周虽然张三的作文也很美，但是选读其他同学的，对张三的鼓励改用其他形式，要给学生后续的进步留下空间。

宣讲美点对知识点的覆盖也要广，如好的语言、好的结构、好的立意、好的过渡、好的写法；再细分，如好语言中又包含描写细腻生动的句子、深刻的哲理句、引用的好句子；接着细分，如描写细腻生动的句子中包含动作描写、神态描写、环境描写、心理描写……这些知识点覆盖得越广，对学生头脑中的写作知识的正强化就越强。每次课堂宣讲美点前可以把写作知识图表展示出来，每宣读一处美点，让学生指出它属于知识图表中的哪类，以便于学生们建构新知识。

初中学生的抽象逻辑思维，在很大程度上，还属于经验型。由"经验型"向"理论型"转化到初二才开始，高二才完成。所以抽象地讲写作理论，不如多强化成功的写作经验。强化成功的用词、造句、写段、构思等经验对初中生写作的提高很有帮助。星火燎原似的，学生们作文中的美点会越来越多。

2. 写作不是为给老师看，而是为沟通交流，"学"的是用语言解决问题

（1）"学"各种文体，才会用语言解决各种问题

生活中需要用语言沟通交流的事情很多，小到写一则通知，大到打一场官司。表达自我的目的不同，用语的方式方法就不同。"学"各种文体，才能学会用语言解决各种生活问题，最终提高语文素养。

有的老师自认为摸透了中考作文命题的情况，只让学生学考场用得上的记叙文，其他的一概不练。这种做法目光短浅，是自降写作教学的难度，

自减写作教学的内容，是违背《语文课程标准》的做法。学写作，各类文体都写写，才能更好地提高学生的写作素养。写作素养提高了，中考作文的分数自然也低不了。《孙子兵法》中说："求其上，得其中；求其中，得其下；求其下，必败。"学好《语文课程标准》上要求掌握的各类文体，是正道；只学常考的记叙文，是投机。正道为"上"，投机为"下"。

各类文体有哪些？《语文课程标准》明确写道："写记叙文，做到内容具体；写简单的说明文，做到明白清楚；写简单的议论文，努力做到有理有据；根据生活需要，写日常应用文。"再结合近年各地市中考指导说明的要求，我们明确初中生需要练习写作记叙文、说明文、议论文、想象类作文（科幻小说、童话等）、新闻（消息、新闻评论等）、应用文（通知、公告、书信等）。每种文体都是为了使学生能够应对生活中的某种沟通情境。

《语文课程标准》第四学段（7~9年级）的课程目标还写道："能从文章中提取主要信息，进行缩写；能根据文章的内在联系和自己的合理想象，进行扩写、续写；能变换文章的文体或表达方式等，进行改写。"因此初中写作教学除了练习各种文体的创写外，还要练练缩写、扩写、续写、改写。

只有把《语文课程标准》要求掌握的各种文体、各种写作方法都学学，写作的大花园才多姿多彩。看遍百花、尝过百蜜的学生，写作素养的提升应该会高过只看一花、只试一蜜的学生。

学各种文体、各种写作方式，就是学各种生活情境中与人沟通交流、解决问题的方法。

（2）高效地"学"，需要在课堂语言实践活动中进行

美国学者、著名的学习专家爱德加·戴尔提出的学习金字塔理论告诉我们：学习分被动学习和主动学习，听讲是被动学习，两周后学习内容的留存率只有5%。主动学习包括讨论、实践和教授给他人。其中教授给他人的学习内容两周后的留存率高达90%。著名的费曼学习法的精髓也是以

教促学,积极学习。由此推论,高效写作课绝不是老师的一言堂。围绕写作,开展多种活动,才能高效地"学"。

活动有研讨类、分享类、表演类、评比类。

研讨类又分课上研讨和课上课下结合的研讨。课上研讨建议每节课都安排。例如:给一个作文命题让学生分组研讨;或者给一篇习作,让学生分组研讨写得好不好、好在哪儿、怎样才能写得更好。作文指导课按照发现问题、分析问题、解决问题的步骤进行有利于高阶思维的培养,在发现问题、分析问题阶段就以课上研讨为主要形式。如果是需要查资料、做调查才能深入进行的研讨,就用课上课下结合的形式开展。

分享类按照分享层次,包含分享好句、好段、好文、好写法……当学生分享的水平提高到一定程度,就可以开设作文小讲堂,也就是费曼学习法中最高效的学习形式。还可以让学生分享自己的观察与思考。

例如:笔者曾组织学生以"我眼看世界"为主题,分三个方向(读书篇、旅游篇、社会篇)记录观察与思考所得,每节语文课安排一个学生演讲,每学期每人轮一次。每个学生拿出一份思考,得到几十份思考。这个活动极大地开阔了学生的视野、锻炼了学生的观察力和思考力。例如:廖去非用PPT呈现了一幅幅青海草原风情图,讲解她在这宏阔的天地间品味到的生活滋味,讲"适与野情惬"的诗意。乔子铭分享普吉岛旅游经历时,不只讲在珊瑚海中与热带鱼同行、在海滩上捉螃蟹的惬意,更多地讲泰国人民为了生存与眼镜王蛇搏斗,只为在危机四伏的森林中采集到新鲜的天然橡胶;在孤岛上与海浪作伴,只为寻觅燕窝。谭小琳讲《巴黎圣母院》中的美与丑、虚伪与狡诈。原方谈国际关系,提出通过对话寻找出路才是王道的观点。

表演类最常用的有朗诵美文、演讲、辩论、无领导论坛(辩论和无领导论坛因为每次只能部分学生参加,其余的学生当观众,所以也归为表演类)。这些活动都是要先写作的,不管是写句、写段、写文,都是学写作。而且在明确的任务驱动下,写作往往伴随着查资料、讨论、反复修改,这

语文不器：拓展的语文教学

些过程就是最高效的"学"。

评比类有现场作文比赛、故事接龙、成语接龙、飞花令等。要决出胜负的，都归为评比类。为了获胜，学生会有意识地多背、多记、多读、多写，无论结果如何，高效的"学"一定发生了。

开展各种形式的活动，就是模拟各种生活情境，设置一个个待解决的问题，让学生在这些语言活动实践中学习用语言解决问题。

3. "教"与"学"不是平面的双向互动，而是立体的多向互动

写作教学必须是开放的。如果把它封闭在一个教师每周看近百个学生的作文、与近百个学生单向交流作文得失的格局中，教师累得够呛，实效也很难保持。教师要给学生搭建多渠道展示交流与发表作品的平台，在多向互动中多人评点、互相点赞，此起彼伏地发表，让精彩不断。

开设专用公众号、微博、美篇，专门发表学生作文，建议学生和家长都关注，慢慢地再吸引一些粉丝，发表平台就建立起来了。可以采取教师、家长志愿者、学生志愿者共同管理的机制，提高更新速度。教师把关发文质量，家长和学生做技术顾问，策划参谋，共同参与。这种发表与交流在空间上超越了教室，在时间上超越了上课时间，在参与主体上超越了师生双向，可以是学生与学生、家长与学生、老师与学生、粉丝与学生等多向进行。关键是要持续发布，不要三天热度，有始无终。这种利用自媒体发表的渠道便捷高效，可以作为主渠道。

当学生的写作水平不断提高，达到一定水平后，鼓励学生尝试用语言文字通过官方报刊等，与社会开展更广泛的交流互动。可以鼓励学生投稿到《青少年报》、各报刊的青少年版。优秀作文积累到近百篇的话，还可以联系出版社结集出版。这类发表有难度，但是一旦成功，对学生的激励作用很明显。我们常常在报刊上读到中学生的作品，既然别人的能发表，自己学生的也有可能发表。可以鼓励学生抱着"因上努力，果上随缘"的态度尝试报刊等发表渠道。笔者曾把 2015 届近 80 位学生的习作加点评后编著成书出版，名曰《掬水留香——写出来的幸福》。2018 届两个班的学

第三部分 语文不器：教学札记

生研读这本书后，自己总结出"五段式作文法"，每节语文课前一位学生分享研读学长学姐作文的思考与收获，名其曰"作文小讲堂"。这本书架起的两届学生跨时空的互动与交流极大地促进了2018届学生作文水平的提高。去年，2018届学生的作品及点评也出版了，名曰《觅影寻声——动感语文》。

不要把写作教学局限在一个平面的师生双向互动中，要把写作教学放在一个立体的多向互动的空间，这才是信息时代正确打开写作教学"教"与"学"的正确方式。

（发表于《教学与研究》，选入时有修改）

 **激活写作思维**

例说基于高阶思维培养的初中写作教学

《语文课程标准》强调"语文课程应致力于语文素养的形成与发展"。语文学科素养的内涵经过反复研讨也逐渐清晰，"思维发展"位列其中。高阶思维是思维发展与提升的显著标志。语文教学中的高阶思维活动围绕着语言的理解与应用进行。聚焦到初中写作教学，就是在写作教学中提高学生的问题求解能力、批判性思维能力、创新能力、分析能力、系统思维能力等高阶思维能力。

笔者以一次题为《布局谋篇：记叙文的层次感和自我个性表现——"五段式作文法"构思技巧与突破》（以下简称《布局谋篇》）的作文指导课为例，分享在初中写作教学中培养学生高阶思维的几点思考。

1. 用好课堂教学语言，唤醒写作中的高阶思维

写作课的教学语言也是一种写作示范，尤其是课堂导语，它示范给学生的不仅是简洁、生动、准确的语言，而且要力求展示丰富的联想、巧妙的比喻、广博的引用、辩证的角度……教师的语言如果能显示出活跃的高阶思维，对学生会起到很好的示范作用，学生的高阶思维在模仿中被唤醒。如《布局谋篇》课的课堂导语：

同学们有没有喜欢画画的？有没有过想画一个东西又不知道从何下笔的感受？比如深圳最近到处盛开的三角梅，是不是想画又不知道该怎么画？就像著名学者、散文家张中行所说："不少人看见（作文）题目，苦于无话可说，或有些模糊的意思，不知从何说起。"[1] 同学们，你们写作文时有没有这种感受？张中行又说："如果说这是一种病态，那治病的良药就是锻炼思路，使之有物并有条理。"[2] 有条理就是有层次感，有物就是要写出自我的真情实感。我们这节课就来锻炼思路，学习写作中的谋篇布局。

以上这段导语由画画引出写作，属于一种联想思维；把写作时无话可说的状态比喻为"病"，这体现的是创新思维；把锻炼思路比作治病的良药，既生动形象地指出了本节课学习的重点，又能激发学生的学习兴趣。

2. 问题导向，启动高阶思维

教师按照"发现问题—分析问题—解决问题"的思考模型来设计课堂教学路径，有利于培养学生的问题求解能力。如果教师省去学生发现问题、分析问题的过程，直接讲解解决问题的方法，学生就只能停留在记忆、理解、应用层次的低阶思维阶段，无法启动高阶思维层次的分析、评价、创造。

写作指导课，教师不要一上课就开始讲解作文写作知识，可以先给学生一个作文题目，让学生思考如何写，并交流思考所得。在思考和交流的过程中，学生会想"怎么写可以写得更好"，这就发现了"问题"。然后，教师可以某学生的习作或者构思为例来分析问题。在学生分析、评价的基础上，创新思维被激活，再用相应的写作知识点拨，问题的解决就水到渠

---

[1] 王木春.民国名家谈作文之道［M］.上海：华东师范大学出版社，2015：158.
[2] 同上。

第三部分　语文不器：教学札记

成了，而且是以学生为主体解决的。

高阶学习是一种合作共享的学习模式。例如《布局谋篇》课笔者设计的活动之一是"规律认知"，它的第一步是"思维热身"。

锻炼要从热身开始。笔者出一个题目，大家思考后，讨论一下如何写。题目是《爱可以这样表达》，（1）你会怎样写？（大家先独立思考两分钟，可以再讨论一分钟，然后抽两个小组派代表谈一谈）（2）笔者准备了一篇以往学生《爱可以这样表达》的习作，大家读一读，看看这样写好不好？好在哪里……

上述第一个思考题属于"留白"，给学生留出独立思考的时间、空间来思考、讨论、交流，在此基础上进行的作文指导是教师引导学生开展问题求解的活动。第二个思考题给学生提供一篇同题优秀习作，让学生品读。品读中自然会对比自己的想法从而启动反思自省，还会启动批判思维、分析思维。此时，教师引导学生由特殊到一般归纳得出构思规律，进行写作指导的同时锻炼了学生的分析能力、系统思维能力。

3. 还原规律的出处，用榜样示范，展示高阶思维成果

写作指导环节要把一些体现写作规律的方法教给学生，体现教师的课堂主导地位。它是在学生发现问题、分析问题之后，解决问题之前，教师给学生必要帮助的过程。有了这个过程，学生的问题会解决得更深入、更有成效。

体现写作规律的知识也是前人总结出来的，是高阶思维的产物，如果能给学生展示总结的过程，有助于促进学生发展思维，学生还会模仿着总结新的方法。

在《布局谋篇》课上，笔者特意介绍了谋篇布局的方法——"五段式作文法"，是笔者以前的学生归纳的，笔者在作文教学中经常使用，是一次教学相长的典型案例。笔者给学生播放了以前学生讲解这个方法的微视频。该学生出示了好几篇有着共同结构特点的文章，然后归纳道："五段式作文法的核心是：一个中心，三个角度，三句画龙点睛的概括性语言。

这里的五段，并不是指五个自然段，而是指五个部分。这种谋篇布局的方法可以在我们拿到题目不知道从何写起时帮助我们快速构思出一篇有头有尾、结构完整、层次清晰的文章……"她还讲到这种构思方法的分类、三个角度的切分方法等。

从无到有就是创新，这个学生的归纳就是创新，拓展的是创新思维，而且为后来的学生树立了榜样。示范引领，强于说教。

4. 精选同类文章，开展群文阅读，在比较中拓展思维

如果把写作方法作为套路，让学生死记硬背、生搬硬套地使用，对语文素养的提升意义不大。引导学生品读、分析、归纳出一些体现写作规律的方法，然后指导学生创造性地使用这些方法，才能提升学生的高阶思维能力，进而提升学生的语文素养。

如何创造性地使用写作方法？精选同类文章，开展群文阅读，在比较异同中拓展思维，有助于学生创造性地使用写作方法。

在《布局谋篇》课上，笔者讲解了习作《爱可以这样表达》中分析归纳出的"五段式作文法"后，又抛出这节课的第三个思考题：这篇习作怎样改进更好？笔者没有急于让学生回答，而是进入活动之二"思维拓展"。

笔者选了以下三组文章：朱自清的《教育家的夏丏尊先生》、学生习作《何谓美丽》为第一组；毕淑敏的《读书使人优美》、吴晗《谈骨气》为第二组；余光中散文《假如我有九条命》《九张床》为第三组。学生在课堂上讨论三组文章构思方法的异同。从第一组文章中学生发现"五段式作文法"的三个角度不仅可以并列，也可以转折、递进，不能重复。从第二组文章中学生发现三个角度不一定是三件事，在议论性散文中，它可以是三个观点，还可以是一件事的三个波澜。最后一组余光中散文《假如我有九条命》，开头一段只有一句话："假如我有九条命，就好了。"下面每段的开头句基本以"一条命"开头，比如，"一条命，可以专门应付现实的生活""一条命，有心留在台北的老宅，陪伴父亲和岳母""一条命，用来做丈夫和爸爸""一条命，用来做朋友""一条命，用来读书""另一条

第三部分　语文不器：教学札记

命应该完全用来写作""一条命，专门用来旅游""最后还剩一条命，用来从从容容地过日子，看花开花谢，人往人来……"《九张床》结构类似。

学生在群文阅读中不断地比较、分析、归纳。这三组文章让学生看到，文章有共性，也有个性。在学习写作的初期学习谋篇布局，认知一些构思的规律，按部就班地练习，也是为了明天的写作能够"行云流水"。第一组和第二组文章行文布局区别小，第三组文章与前面的区别大。这样安排，找共性的难度由易到难，学生的分析思维就一直处于激活状态。

5. 调动批判性思维、创新思维，分层练笔

在练笔中才能真正提高学生的写作能力。教师在写作指导后一定要安排学生练笔。谋篇布局有规律，但是个性表达要有突破。有格还要出格，练笔时不强调写作方法的生搬硬套，鼓励有个性地表达自我，鼓励学生灵活地、有选择地运用合适的写作方法。

郑板桥说："作诗非难，命题为难。题高则诗高，题矮则诗矮，不可不慎也。"[1] 课堂练笔的题目设置很重要。如果设置得好，学生能够把前面教学环节中拓展开的思路迁移过来，酣畅淋漓地练笔，在创造性表述中认识世界、认识自我、发展思维；反之，学生原本已经拓展的思路会因题目的晦涩难解而堵塞。如果学生没有写作成功的体验，前面的发现问题、写作指导、拓展思维环节就都成了纸上谈兵，很难真正促进学生写作水平的提高。

练笔题目的设计要注意两点：一是题目设置要多样，可以仿写、改写、扩写、缩写、创写；可以写话、写段、写篇。题目表述尽量引导学生写有"我"作文，尽量让学生读出文章是写给谁看的，写的目的是什么。二是分层布置，给学生至少两个题目，难易要有梯度，学生自由选择一个题目完成。这样能够消除学生的畏难情绪。有了容易题目兜底，反而会增强学生完成练笔的信心，效果也就提升了。比如《布局谋篇》课中的活动

---

[1] 郑板桥.郑板桥全集：卷七[M].南京：凤凰出版社，2012：245.

之三"表现自我"。笔者设计了这样两个题目：

（1）尝试突破：修改《爱可以这样表达》。

提示：结构上三个角度的切分可以是时间的发展、空间的转换，甚至是同一时空不同的形式，可以对比、可以由浅入深……

（2）爱的回声：选择一个对象（如爷爷、奶奶、爸爸、妈妈、老师、同学），用个性化的语言写一段话，表达对他们所给予的爱的理解和感谢。

作文程度好一些的学生可以选第一个题目，尝试突破。课堂上提供给学生研读的习作《爱可以这样表达》原本很优秀了，它使用了五段式作文法，三件事是并列安排的。有学生提出，它的第一件事和第三件事虽然分别写的是妈妈、老师对自己的爱，但是事例的核心基本是自己睡觉或午休时她们轻手轻脚关心自己的行为，有些雷同。提议将其中一件修改成别的事，例如严中有爱的事例可让事件更丰富。

第二个题目帮助学生明确了写作对象与写作目的，学生构思起来方向感强，容易写出真情实感。在练笔这一复杂情境中，学生的思维得以高强度锻炼，高阶思维得到有效培养。

（本文发表于《人民教育》，选入时有修改）

培养想象力

加强初中想象类作文教学　锻炼高阶思维

有人说："没有想象力就没有发明创造""没有想象力的民族是没有前途的。"培养孩子的想象力越来越受到教育界的重视。《语文课程标准》特别强调培养学生的问题意识和想象力，重视学生创新精神和实践能力的培养。

想象类作文的写作过程是使用创新思维放飞想象力的过程，想象类作文常常需要学生根据题目要求通过想象解决问题，学生通过想象换身思考、解决问题的过程中，实践能力也得到增强。例如：《假如我是市长》一文中，小作者化身市长关心民生、解决问题；《笔记本的前世今生》一文中，小作者启动创新思维，以笔记本为第一人称，从造纸术写到今天的信息化，想象丰富。文尾写道："笔记本的每一次的迭代升级都是为了解决人们遇到的新问题……"这体现出小作者很强的问题意识。

在想象类作文的写作中，学生超越了学生的身份，思绪飞到世界很多地方，体验了很多角色，仿佛实践了很多事情。在这个奇妙的写作过程中，学生的高阶思维得到激活，语文素养得到提升。近两年各地市的中考作文命题中，想象类作文越来越受到青睐。目前学界关于想象类作文写作指导的研讨还比较少，而且多是侧重如何命题。笔者从语文教学实践者的视角谈一些思考，以期抛砖引玉。

1. 想象类作文的三种类型

综合《初中语文教材》（部编本人教版）中想象类作文的练习题目和近两年中考中想象类作文的命题，想象类作文可以分为三种类型：穿越类、换位类、情境故事类。

穿越类

一是穿越到过去，二是穿越到未来。回到过去的要吻合古代的风土人情，畅想未来的要有科幻色彩。

换位类

这类作文也分两类：一是动植物乃至无生命的物品与人的换位；二是人与人的换位（人的角色换位）。

情境故事类

这类作文分三类，第一类是改写故事，第二类是新创故事，第三类是扩写故事。其中改写故事，可以整篇改写，也可以部分改写，如改写结局。扩写故事类常常是扩写某个诗词或者历史故事的情节，自己想象细节。如张晓风《不朽的失眠》就是通过想象，将张继创作《枫桥夜泊》的情形写成了故事。

2. 展开想象的三个步骤

想象类作文的核心是想象，展开想象可以按照以下三个步骤：①构想一个基本点；②构想一套基本情节；③根据生活经验，添加一系列细节。

日本科幻小说家星新一的微型科幻小说《喂——出来》曾入选初中人教版语文教材，我们以它为例。文章先构思出了一个洞，一个无底洞；然后以这个洞为基本点，构思出了情节的几部分，我们用四个含洞字的词来概括，就是洞现、测洞、填洞、洞漏。然后再用提问法，来想出一系列丰富的细节，例如洞怎么出现的？就有了台风过后庙倒洞现。洞出现了，村民们会有什么反应？市民们会有什么反应？怎么往里面填垃圾？怎么漏的？于是有了一段段村民、商人、记者、科学家等人的语言、动作、神态等描写。这一系列的细节描写都是符合现实生活经验的，它们使想象不脱离生活。

课堂教学中，可以让学生先阅读例文《喂——出来》，体会展开想象的三个步骤。然后给学生一个题目，让学生按照以上三个步骤分组讨论，再分组交流，通过交流丰富每个学生头脑中的想法，在这基础上再写作。写作虽然需要静心思考、自由构思，但是独立构思前进行一些研讨活动，对题目进行头脑风暴，有利于激活学生的灵感思维，或者激发批判性思维、创造性思维。

3. 想象作文提升的三个抓手

（1）见多识广是放飞想象的基础

想象作文，归根结底是使用虚拟情节表达真实生活。所以现实生活是一切想象的出发点。想象类作文中的想象，不管是无意想象，还是有意想象，总是离不开头脑中丰富的表象。否则，苍白的大脑就如无源之水、无本之木，怎能放飞想象？扩大阅读面，做生活的有心人，积累丰富的表象，才能放飞想象。

促进学生见多识广，可以借助每节语文课的前五分钟开展"我眼看世界"演讲分享活动，每个人从读书篇、旅游篇、社会篇三个方向中选择一个,提前做PPT、写演讲稿,每节课安排一个人演讲。每个人精心准备一次演讲,换回几十份观察与思考。长期开展这个活动,可以促进学生养成观察生活、记录生活的习惯。作文教学,是一个系统工程,功夫在平时。

(2)创新思维是想象独特的保证

没有创新思维参与的想象缺少新意。创新思维是高阶思维,它要求思维具有深刻性、敏捷性、灵活性、批判性和独创性。培育高阶思维的最基本途径是问题解决学习。

在语文教学中长期贯穿问题解决学习,才能一步步地提高学生的创新思维能力。语文课堂都要有学生发现问题、分析问题的过程,然后才是在教师的帮助下学生解决问题。例如:教作文构思方法"五段式作文法",教师不能一上课就和盘托出这种方法。可以先拿一个作文题目《快乐加减法》,让同学们思考怎么写,先小组内、后班内讨论交流。所有发言都停留在一件事的叙述和议论上。在同学们发现问题、分析问题后,出示习作,让学生自由阅读并讨论这样写好不好,为什么。学生在讨论中发现这篇文章写了三件事,每件事后有一个独句段总结:

减少一些埋怨,增加一些满足,我们会因懂得如何获取快乐而快乐,正所谓"知足者常乐"。

减少一些愤怒,增加一些忍让,我们会因自己内心的升华而快乐,正所谓"能忍者自安"。

减少一些慵懒,增加一些坚持,我们会因遇到了一个更有毅力的自己而快乐,正所谓"不经一番寒彻骨,怎得梅花扑鼻香"。

学生都认为这篇文章写得好,比自己原本构思的一件事内容丰富多了。此时笔者再讲解这篇文章使用的"五段式作文法"的要点就是在帮助学生解决问题。

学生在问题解决的过程中,高阶思维一直处于激活状态,创新思维也得到锻炼。

（3）拟人、象征等修辞手法为想象助力

拟　人

拟人是最常见的修辞手法了，就是把事物人格化，将本来不具备人的动作和感情的事物变成和人一样具有动作和感情的样子。用好它，平常的题材也能写出新意。请看下面这篇学生习作《美》。

　　弹指间，千百年的岁月一晃而过。今夜，我仍静静俯视人间。沧海桑田，在我眼中不过是昙花一现。我的名字，自古以来就为人熟知。我听见人们，总把我叫作"月亮"。每当夜深人静，总有人静静仰望着我，喃喃地说："好美，好美……"

　　今日，是八月十五。

　　我看见那间小院里，孩童三三两两，手提灯笼，风似地跑着，笑着。他们一会儿围着月桂树捉迷藏，一会儿拍着手唱儿歌……玩累了，便散去了。只剩下一个小女孩，在青石板台阶上坐下，歪着脑袋，出神地望着我。这时，屋里走出来一位满头银丝的老人，小女孩立刻站起来，扑到老人怀里，又指着我说了些什么。老人拍拍她的头，又讲起那些我听过无数次的名字——嫦娥、玉兔……讲着讲着，祖孙俩一起哈哈大笑起来。我多想与他们一同欢笑，无奈却办不到。只有轻轻投下一地皎洁，想要凝固这时光。

　　日子不知不觉过去好几天，我又发觉，自己的身躯变瘦了。

　　这回我望见一片苍茫。连绵的群山太过单调，于是我给它们镀上一层银边。隐隐约约，我看见群山之中那森严的城墙上，有一个人影——是那位将军。白天，在众将士面前，他骁勇善战，豪情万丈。为何此刻，却显得如此孤寂单薄？他缓缓抬起头，默默注视着我，良久，轻叹了一口气。我恍然大悟，意识到千里之外，一定还有千千万万这样的目光，不约而同地落在我身上。一个士兵来报告敌情，将军马上振作精神，转身回营。他的帐篷，又是彻夜灯火通明。将军请放心，你的目光，已被我送到它该到的地方去。

此刻，万籁俱寂，我的心却被深深触动。如果让我选择，我宁愿做一名凡人。浩渺的天空尽管开阔，却不及一家人共享天伦的小房间；漫天的星光纵然灿烂，仍比不上游子眼中深情的牵挂。

我的美，是你们口中的纤尘不染、冰清玉洁；而只有我知道，真正的美，只在人间。

（深圳市福田区外国语学校刘嘉颐）

小作者将月亮拟人化，以月亮的口吻叙事，以月亮的口吻抒情议论，别有一番趣味！

象征

象征就是借用某种具体的形象的事物暗示特定的人物或事理，以表达真挚的感情和深刻的寓意，它往往寓意深刻，耐人寻味，使人获得意境无穷的感觉。下面这篇习作《我等你回来》就使用了象征手法。

伴随着夜幕的降临，新生儿嘹亮的啼哭惊醒了沉睡中的我，眼中映出虚弱的母鹿和骨瘦如柴的幼鹿，我站在这片荒芜中，无奈地想念起了一抹灰色——那是我永远无法想象的，自己有一日竟会盼你回来，狼。

还清晰记得，两年前的鹿群是那么浩大，令人羡慕。可这浩大背后，无数个不眠之夜总有你的身影。草丛中，涧溪旁，总隐匿着你那抹修长的灰色，狼。因为你，我失去了挚爱的妻，宠溺的儿，和那年老体衰的母亲，我恨你，恨之入骨。

直到那个看似阳光明媚的下午，有很多很多的人，拿着刀，骑着马，"千骑卷平冈"——你在逐渐缩小的包围圈中凄厉地哀嚎着……

从那以后，我便再也没见过你。你的消失，却没带来什么好日子，灾难接踵而至。每天都有小鹿出生，却没有老鹿死去。鹿群更浩大了，年轻力壮的却越来越少了，鹿群像除草机一般，将浩瀚的草原一点点啃食干净，只留下棕黄色的土地在阳光下呻吟。随着刺骨的冬风袭来，疾病在鹿群中肆虐，在每一头鹿身上舞蹈，似乎把这当成庆典的礼堂。我拖着虚弱的身体，对着死去的同伴，无力地嚎叫，连像样的葬歌也唱不出来。我渐渐想起了你——一个爱吃小鹿、爱捉老鹿、爱杀病鹿的家伙；一个充分锻炼了鹿群侦察能力和奔跑能力的家伙；一个爪牙尖利、眼神凶狠的家伙；一个曾被我恨之入骨的家伙；一个我想念着盼望着等待着的家伙——一抹修长的灰色在泪眼中浮现，不就是你吗，狼？

我听见了断裂的声音——是锁链断裂的声音。我和你之间，总有一条名为"优胜劣汰"的锁链，连接着灵魂，生生世世。可是人类的利刃，闪着寒光劈下，将那一头的你歼灭，你我的灵魂锁链断了，你我的灵魂千百万年的羁绊，难道就这么轻易地断裂了？我紧紧地握住锁链的一端，发疯地扯动着，渴望一丝一毫的回应，不相信强大的你，难道就这么消失了？泪水夺眶而出，我喊着你的名字，喊到沙哑，喊到失声，请你记住，在这片荒芜的森林中，我等你回来。

（深圳市福田区外国语学校陈意昕）

小作者用鹿和狼做象征体来说明生物链平衡的道理，耐人寻味，发人深思。

笔者举以上两个例文还想说明，想象类作文不是只有童话、寓言、科幻小说，平常的命题作文就可以写成想象类作文，这样的构思常会因新颖而得高分。《美》《我等你回来》都是命题作文，教师在众多的常规作文中，读到这样的想象类作文，真是眼前一亮，高分送上。

初中时期是想象的有意性迅速增长的时期。初二到初三是学生空间想象力发展的加速期或关键期。初中生想象的创造性成分在不断增加，现实性在不断发展，又带有兴趣性。加强想象类作文的教学不仅符合初中生的身心发展规律，也是发展思维、全面提高语文素养的很好的途径。

第三部分　语文不器：教学札记

命题作文多角度写

命题作文教学中培养学生高阶思维能力
——以《遇见》写作教学为例

命题作文在中考作文里占比很大，几万人写同一个题目的作文，想脱颖而出离不开语言的优美、立意的深刻、构思的新颖。语言的优美度需要通过长期多读、多写来积累词汇、培养语感，慢慢提升。立意的深刻、构思的新颖有赖高阶思维的参与。

命题作文的教学指导中要有意识地培养学生的高阶思维。高阶思维是指发生在较高认知水平层次上的心智活动或较高层级的认知能力，比如分析、综合、评价等。① 思维的深刻性、敏捷性、灵活性、批判性、系统性以及独创性，都是高阶思维达成的目标。

笔者以命题作文《遇见》的写作指导为例，浅谈命题作文教学中培养学生高阶思维能力的方法。

1. 选材务必新，创新思维要锻炼

看到命题，首先想到的选材最好不用，那是绝大多数学生将要用的选材。改卷老师面对几百篇同题作文，很容易对大众化选材审美疲劳。选材不新，很难脱颖而出。命题作文脱颖而出的方法一，选材要新，要有创新思维。教学中的选材创新指导，可以激发、启动学生的创新思维。

如《遇见》这个题目，可以写人，如父母、老师、同学等；可以写物，木棉花、松树、书等。很多人分析到这里就停止了，殊不知这几乎成了很多题目的大众分析角度，没有创新。

创新，就是不走常人路。让学生思考"把这些选材全都抛弃，你还

---

① 徐鹏.深度学习视域下的语文教学变革［J］.中学语文教学，2019（1）.

想到写什么了？"启发学生慢慢打开思路：写人，可以写古人、写小说中的人、写名人……写物，可以写文化物品，如名画、名曲、青花瓷……此时创新思维已经启动。但是创新是无止境的，还可以继续进行。写人，还可以写抽象的一类人，如"对手"；写物，还可以是抽象的，如"留白"……又有学生补充说还可以写遇见某个名人雕塑，既是写物，也是写人。

创新思维有时需要一些"药引子"，教师用一个或几个创新的选材往往能激发出学生更多的创新选材。

2. 写法力求巧，系统思维要加强

不少学生的考场作文，都是平铺直叙，少有悬念，倘若是话题作文或者半命题作文，因考生题目不同，考官看到的几百篇文章还各有不同。但若是命题作文，就千篇一律了。命题作文脱颖而出的方法二，就是训练系统思维，写法力求巧。

如《遇见》一题，如果写遇见西湖，切口较大，不好把握；不如写西湖边上的树。如果写杨柳依依，又缺少新意；不如写冬天湖边的光秃秃的树。上来就写光秃秃的树，会让人感觉以偏概全，西湖的水光潋滟都不写，写枯树不是偏激了吗？如何构思最巧？启动系统思维，就能设计出巧妙的构思。如：

开头："'欲把西湖比西子，淡妆浓抹总相宜。'望西湖，盼西湖，但等真正到了西湖，我却大失所望。不是因为那永恒不变的碧水清波，而是遇见的那占景七分的树。"

这样开头既点出了西湖众所周知的美，又点出了小作者要另辟蹊径的点。

蓄势："这便是所谓西湖美景？我不免哂笑。心中已不抱希望。"

开头段后用一个独句段强调自己的失望心情就是为后面的急转蓄势。

继续蓄势："在我的梦里，遇见西湖，一定先要遇见那细叶芊芊的柳树……可在目光所及之处，初冬的西湖边上，树的叶子已纷落而下，只剩下突兀的暗灰色枝干。结成块状的树皮上偶尔交杂着白色的土块,照着那水都暗了几分,令人惋惜。"

蓄势越足,急转后产生的感染力越强。细致的描写比啰唆的叙事富有表现力,它使小作者心中的失望之情映射到读者心里。

逆转:"终究我们还是坐上了小船,不顾西湖美景,我与同伴说笑着,不知自己已泊入了西湖深处。一声明快的鸟啼声远远传来,将我的目光推及了湖景。而这一眼望去,却离不开了——本来突兀斑驳的枯树在此时却与湖光构成了一幅水墨画。叶子失绿,却是墨黑,宛如大笔挥毫,在纷扬中洒下几点。远处庭院上青砖暗瓦,一抹云烟缓缓升起,弥漫空中。一片叶子从树上静静落下,打在水上,溅起点点涟漪。抬头回看叶子落下之处,竟泛出了点点绿光——那是生命的颜色!我睁大了眼,开口却失了声。"

逆转的自然展开,离不开一个逆转点,这里的逆转点就是"鸟啼声……将我的目光推及了湖景",它使下文的写景自然展开。细致入微的景物描写表现出小作者心理的变化,结尾句的逆转才水到渠成。

升华:"'落红不是无情物,化作春泥更护花。'经年流转,四季轮回,这一棵棵树,不就是在春去秋来中,甘愿舍去一树的繁华,来换回下一年的涅槃重生吗!'沉舟侧畔千帆过,病树前头万木春。'这默默付出、无私贡献的树,使这西湖更添光彩,更添内涵。"

在描写后,用议论升华文意,这也是急转后思想进入新境界的具体表达。它使作者心中的惊喜之情具体可感。

结尾:"走下小船,走到西湖岸边,我与树立在一起。抬头看看那斑驳交错的枝干,我不后悔遇见这棵树。遇见这棵树,我有幸遇见了这默默付出、无私贡献的精神,也遇见了包容的自己。"

结尾点题,不仅点出遇见的是"树",也总结出自己的心路历程——"遇见了包容的自己"。这样的总结比单单总结为遇见"树"要巧妙很多。

"文似看山不喜平",启动系统思维,文章就不再是一马平川,而是跌宕起伏。欲扬先抑、蓄势逆转、对比烘托等写法会被调动起来、运用起来。

3. 立意在于深，思维深刻度要加强

同样的选材，思维深刻则立意深刻。如写遇见海棠花，思维深刻者会由盛放的海棠的凋零想到人的青春：

> 当海棠遇见花期，我也遇见了我人生中最明媚的季节——青春。哪怕寒风凛冽，哪怕严寒刺骨，我也要像这花朵一样，让青春不遗余力地绽放。

遇见海棠的选材虽不太新颖，但是有了如此深刻的立意，文章也就清新脱俗了。

（发表于《时代教育》，选入时有修改）

后　　记

　　书稿终于付梓！回顾"语文不器"教学理念酝酿的过程，多位语文教育界的大咖前辈给予我指导、多位教育科研专家帮我把关、多位名师观课指导、多位同事朋友与我研讨交流、多位编辑朋友热心帮助……我要感谢你们，感谢你们给予我的鼓励、支持、帮助！

　　首先要感谢我的老师倪文锦教授，倪老师在百忙中审读书稿初稿，给我指导，并为我的书稿写了近四千字的序。倪老师的序言高屋建瓴，令我受益匪浅，也极大地鼓舞了我。

　　其次要感谢我的师兄李冲锋博士，他从书名的斟酌、章节的设置、目录的用语、正文的增删、版式的修订等方方面面给我建议，帮我把关。感谢师兄耐心、细致地一次次给我答疑解惑。

　　还要感谢深圳市南山区教育局教研室唐建新主任给我提出中肯的建议，引领我深入思考。新疆师范大学朱建军教授帮我细致地分析目录，引领我优化目录。深圳大学张祥云教授对"语文不器"这一理念给予高度肯定，并牺牲午休时间回复我数条微信，指导我深化了对"语文不器"的阐释。深圳市教科院黄积才主任在"语文不器"这一理念萌芽时期给予我指导与鼓励。深圳大学李臣教授在我写作教学札记中，给予我很多指导与帮助。

　　以上专家给予我的理论指导弥补了我教育理论修为尚浅的短板，让我能够站在巨人的肩膀上成长。

　　还有一些名师在我的教学实录写作中，不辞辛苦地听课、议课。感谢商中萍、刘静、张彬彬、陈月娥、袁海锋、徐德湖六位名师写出诚恳恰切的观后感。商中萍、刘静、陈月娥三位老师还在课例构思之初，跟我一起研讨，给我提供了很多思路和灵感。她们还不断地鼓励我、支持我，多次做第一读者，把关我的课堂实录。

我还曾向常白如老师请教，她耐心地看我的书稿提纲，肯定提纲的新颖之处。十个课例的选课和撰写阶段，我又多次请常老师把关。每次，常老师都给予我热情的鼓励和耐心的指导。编辑张明华老师，接到文稿后审稿的高效、反馈的及时、把关的细致让我敬佩不已！

还要感谢青年教师袁红侠帮我认真地校对。感谢我的女儿尚之路为我提供"语文不器"最初的灵感。

在大家的帮助下，书稿终于交付出版了。它也许还有很多不成熟的地方，敬请读者批评指正。

赵红燕

2021 年 8 月